四特 教育系列丛书 SITEJIAOYUXILIECONGSHU

# 教师怎样提升教学质量

《"四特"教育系列丛书》编委会　编著

吉林出版集团股份有限公司
全国百佳图书出版单位

图书在版编目（CIP）数据

教师怎样提升教学质量／《"四特"教育系列丛书》编委会编著．—长春：吉林出版集团股份有限公司，2012.4
（"四特"教育系列丛书／庄文中等主编．教师全方位修练）
ISBN 978-7-5463-8759-8

Ⅰ.①教… Ⅱ.①四… Ⅲ.①中小学教育－教学质量
Ⅳ.① G632.0

中国版本图书馆 CIP 数据核字（2012）第 046052 号

教师怎样提升教学质量
JIAOSHI ZENYANG TISHENG JIAOXUE ZHILIANG

| | | |
|---|---|---|
| 出 版 人 | 吴 强 | |
| 责任编辑 | 朱子玉 杨 帆 | |
| 开 本 | 690mm×960mm 1/16 | |
| 字 数 | 250 千字 | |
| 印 张 | 13 | |
| 版 次 | 2012 年 4 月第 1 版 | |
| 印 次 | 2023 年 2 月第 3 次印刷 | |

| | |
|---|---|
| 出 版 | 吉林出版集团股份有限公司 |
| 发 行 | 吉林音像出版社有限责任公司 |
| 地 址 | 长春市南关区福祉大路 5788 号 |
| 电 话 | 0431-81629667 |
| 印 刷 | 三河市燕春印务有限公司 |

ISBN 978-7-5463-8759-8　　　　定价：39.80 元

# 前　言

学校教育是个人一生中所受教育最重要的组成部分，个人在学校里接受计划性的指导，系统地学习文化知识、社会规范、道德准则和价值观念。学校教育从某种意义上讲，决定着个人社会化的水平和性质，是个体社会化的重要基地。知识经济时代要求社会尊师重教，学校教育越来越受重视，在社会中起到举足轻重的作用。

"四特教育系列丛书"以"特定对象、特别对待、特殊方法、特例分析"为宗旨，立足学校教育与管理，理论结合实践，集多位教育界专家、学者及一线校长、教师的教育成果与经验于一体，围绕困扰学校、领导、教师、学生的教育难题，集思广益，多方借鉴，力求全面彻底解决。

本辑为"四特教育系列丛书"之《教师全方位修炼》。

教师的职业是"传道、授业、解惑"，教师的职责是把教学当成自己的终生事业，用"爱"搭起教育的基石，用自己的学识及人格魅力，点燃学生的兴趣，促进学生的健康、快乐成长。

俗话说："教师不能半桶水。"学生专业知识水平的高低，很大程度上受教师知识水平的制约，如果教师在教学中对教材分析不透，对知识重点把握不准，要点讲解不清，那么学生听过他的课就会产生一种模糊的收获不大的感觉。因此，教师必须知识广博，语言丰富，学生才能学到真正的知识。本书从新世纪、新时代经济和社会发展的要求出发，从理论与实践的结合上，对新世纪教师素质及其修养的一系列问题，做了比较全面、系统、深入的阐述。应当说，这是一项十分有意义的工作。

本辑共20分册，具体内容如下所示。

1.《师魂》

教师被人们称为"人类灵魂的工程师"，担负着传授知识、传承文明、培养人才、提高民族素质的光荣任务。教师的最高境界需要"忙人之所闲，闲人之所忙"，从有到无，从无到有；从看教育是教育，到看教育不是教育，再到看教育还是教育，这就是对教育的最大贡献，让人的精神生活世界有生机、有活力、有智慧。

2.《以礼服人》

作为教师，我们要正确领会礼仪、礼貌、礼节、仪式和教师礼仪的概念，领会礼仪的地位和作用，掌握教师礼仪的原则、方法，坚持科学发展观，为构建社会主义和谐校园而奋斗。教师的一举手一投足，甚至一颦一笑，都蕴含着教育的力量。本书从教师的个人形象、教师的服饰、教师的语言、师生关系礼仪、教师与家长沟通礼仪、同事共处礼仪、集会礼仪和社会交往礼仪等方面，系统阐述了教师礼仪的一些基本常识。

3.《教师的一生修炼》

本书将重点探讨如下诸方面的理论与实务：职业规划——自我实现的教育生涯、如何设计职业生涯、职业发展规划行动、教师入职与离职规划、新教师角色适应规划、教师专业发展规划、校长成长规则、职场诊断与修炼、潜能开发及享受学习化教育生活等。

4.《育人先做人》

教师是学生智慧的启蒙者，学生未来的引领者。教师的质量决定了教育的质量。教师的品质决定了教育的品位。教师人格的完善能够提升教育的水准。教育职业对教师人格提出了严格的要求：在教师自身的人格教育中不断提升自我，完善人格。人格教育是一生的工作，提升自我、完善人生会伴随一个人一生的历程。

5.《教育语言随心用》

本书内容涵盖了教学语言艺术和教育语言艺术训练的方方面面。从宏观综论到微观剖析，从课堂艺术到辅导艺术，从艺术对话到精彩演讲，从个性张扬到群体发展，从全体教育到特殊教育，质朴无华，内容充实，观点鲜明，为教师深入研究和准确使用教学语言和教育语言提供了可以借鉴的经验。

6.《师者无敌》

本书编写的基本理念是：从内容构架而言，以促进教师对自身职业的理解为基础，以增进教师职业人生的完善为基本目标，以启发、引导的方式来促进教师德性的自主形成；从编写形式而言，力求摆脱单一的理论说教，从当代教师职业生活实际出发，抓住主要问题，采取生动、灵活的语体形式，把精要的论述与典型的事例结合起来，注重该书的可读性。

7.《教师的信仰》

职业精神是教师不可缺失的最本质的东西。一个教师能不能成为好教师、名教师，关键是有没有职业道德，有没有职业精神。今天的教育，缺的不是楼房，而是文化与技术；缺的不是理念，而是行为与操作；缺的不是水平，而是责任和精神。教育的希望，在于教师良心的回归、精神家园的重建。只要有了良好的精神状态，我们就有战胜任何困难的勇气，就有奋然前行的动力。

8.《看透学生的心理》

学生的心理困惑从何而来？概括来说就是一"高"一"低"：高，学生是个承载社会、家长高期望值的群体，自我成才欲望非常强烈；低，其心理发展尚未成熟，缺乏社会经验，适应能力较差。正是这欲望与不能之间的矛盾造成了学生的心理问题。我们编写了本书，是期望引导教师与青少年共同克服这一难题，去打开人生的成功局面。

9.《卓越教师》

突出骨干教师的培训，既是加强中小学教师队伍建设的当务之急，又是提高教师质量的长远之计。本书在编写上提倡以培训学科带头人为目标，以现代教育思想、现代教育技术、特级教师的学术报告及当前教改的热点问题为研究内容，源于实践又高于实践，可用作骨干教师的培训教材，也可用于普通教师的自我阅读与提高，以期使教师在不长的时间内达到或接近特级教师的水准，成为学科带头人。

10.《与学生打成一片》

如何做最受学生欢迎的教师，是每个教师都要思考的问题，也是每个教师都希望的，学校的课程很多，语文、数学、英语、科学、音乐、美术、体育等，每门学科都有自身的特点，每个学生都有自己的喜好，我们都能真正做到让每个学生都欢迎吗？本书将教会教师怎么样靠自己的才能和高尚的品德赢得学生的喜欢和尊重，让每一个教师都能成为受学生欢迎的教师。

11.《培养教师爱岗敬业精神》

本书从教师的角度，阐述了教师爱岗敬业所带来的深刻变化，介绍了如何爱岗敬业的途径和方法，从勇于负责、乐于服从、热情专注、自动自发、团结协作、勤奋努力、敢于创新、节俭高效等方面，结合大量教育实例和人生哲理，向广大教师提出了爱岗敬业的崇高理念和修炼方法，期盼每一个教师都能从中受益。

12.《教师职业道德与素质培养》

当前，各级教育行政部门和社会各界都非常关注师德建设，师德教育已经被列为教师继续教育的重要内容之一。本书以专题研究为主线，以典型的案例及案例分析为依托，从教师工作、生活实际出发设置情境、提出问题，突出师德教育的操作性和实效性。本书将适应新世纪对教师职业道德建设的需求，该书也适用于在校师范生及申请教师资格者学习。

13.《教师怎样提升教学质量》

每位教师的心里都有一个美好的心愿，那就是都想使自己的教学质量得到最大程度的提高。众所周知，教学质量是一个学校的生命线，如何提高教学质量是我们每一位教师时刻都在研究、都想努力做好的一件事。要让教育不平凡，出路就在于能突破平常很容易被封闭的平庸局面。优秀的教师，会善于用智慧慢慢凿开通向教育风景的出口。

14.《教师快乐工作指导》

教师工作细致而烦琐，教师不仅要组织好各种教育教学活动，还要保证学生的身心安全。长期的忙忙碌碌、精神高度集中，教师容易产生麻木、倦怠、疲劳的职业状态。为使教师消除职业倦怠，学会快乐地生活，愉快地工作，需要多渠道支持帮助教师进入积极健康的工作和生活状态，从心理、物质和精神上给予帮助和支持，让教师感受到集体的关怀和温暖。

15.《教师工作减压指导》

当教师很累，这已经是所有中小学教师共同的感受。中小学教师劳动强度很大，长此以往，就很容易使教师患上疲劳综合征，导致未老先衰，甚至英年早逝的恶果，对教育的可持续发展和教师队伍的稳定十分有害。中小学教师的过劳问题应当引起政府有关部门的高度重视，以人为本的科学发展观要落到实处，不要仅仅停留在口头上。作为教师个人，我们不要只等待有关部门的措施，必须想方设法给自己"减压"，以防被疲劳综合征缠身。

16.《教师文娱活动指南》

与家人、朋友一起开开心心消费课外时间与星期天，使身心从工作中彻底解脱出来，得到完整的休整，全面地恢复。要知道工作是永远干不完的，是没有最好的。我们需要多看到一些明天的太阳，让照亮别人的蜡烛燃烧得时间更久、更久……

17.《教师心理健康指南》

随着竞争愈来愈激烈，教师的工作节奏日趋紧张，精神上容易产生巨大压力，精神上和身体上的超负荷状态对健康是非常不利的。如果不注意休息和调节，中枢神经系统持续处于紧张状态，会引起心理过急反应，久而久之可导致交感神经兴奋增强，内分泌功能紊乱，产生各种身心疾病。本书力图从教师职业发展的实际需求出发，注重必要的理论引领与生动的案例分析相结合，突出专业性、应用性、操作性、可读性，可为广大中小学教师培训、自学提供借鉴，也可为高校相关专业的学生的学习、研究提供参考。

18.《教师怎样进行教学改革创新》

立足素质教育的学理，探析课堂教学的变革，反思课堂教学实践，重新审视素质教育理论，正是在实践和理论的互动中探讨我国教育的现实与未来。

19.《从历代名著中学习教育思想》

撷取世界知名教育家在世界教育史上具有重大影响和学习价值的教育名著进行选读。每位教育家及其著作均有作者简介、成书背景、内容精要、名著选读等内容。本书结合这些教育名家的成长经历，阐述了不同名著的理论内容和实践特色，批判继承了中外历史上进步的教育思想，对于提高读者的教育理论素养，提升教育工作者的教学水平和创新能力具有一定的借鉴意义。

20.《向教育名家学习教育智慧》

着重介绍当代教育家的教育思想。中国是一个教育大国，理应对全人类的教育作出自己的贡献。在两千多年的历史文明进程中，中国也确实不断为世界教育的进步贡献自己的教育思想、教育制度和教育智慧。中华人民共和国成立以来，尤其是改革开放以来，中国教育发生了深刻变化，取得巨大成就，同时，也不断涌现新的教育思想、新的改革成就和新时代的教育家。我国一大批教育专家学者上下求索、大胆实践，为教育发展出谋划策，为教育改革殚精竭虑。他们的学术思想和教育实践直接推动了我国的教育改革与发展，并将对今后的教育实践与研究继续产生深刻影响。

由于时间、经验的关系，本书在编写等方面，必定存在不足和错误之处，衷心希望各界读者、一线教师及教育界人士批评指正。

# 目　录

3

第一章

教学管理概述

# 1. 教学管理的涵义

教学管理是学校管理中最基本、最重要的管理，可从两个层面来解释它。从宏观上讲，教学管理是指教育行政机关对各级、各类学校及其他教育机构教学的组织、管理和指导。从微观上讲，教学管理主要是指学校内部的教学管理。这里所讲的教学管理是指学校内部的教学管理。

有了学校教育，就产生了学校的教学管理。人们对教学管理规律性的认识，是随着社会生产的发展和学校教育的变革而逐步发展完善的。我国的学校教育历史悠久，在长期的教学管理实践中积累了不少经验。早在我国古代的第一部教育专著《学记》中，就提到了考核办法、如何管理学生、如何安排作息时间等教学管理问题。17世纪资产阶级教育学家、捷克的夸美纽斯在其《大教学论》中也探讨了学制、班级编制、课表、教学秩序等问题。到了近现代，随着办学规模的扩大和学校教学内容的增加，教学管理活动日益复杂，不再局限于维持教学秩序、确定几门学科、编排学校课表等单项活动，而逐渐趋向于对教学内容、教学组织、教学过程等进行全方位统筹并实施系统化管理。

那么什么是教学管理呢？对这一问题的回答，学者们至今没有一致的看法，以下是几种关于教学管理的界说。

一种观点认为，教学管理是"学校管理者遵循管理规律和教学规律，科学地组织、协调和使用教学系统内部的人力、物力、财力、时间、信息等因素，确保教学工作有序、高效运转的决策和实施"。

另一种观点认为，教学管理是"学校教学行政人员为完成教学任务、提高教学质量，运用一定的原理和方法，通过一系列特有的管理行为，组织、协调、指挥和控制教学工作，以求实现教学目标的过程"。

还有一种"组合说"，认为教学管理是"学校管理者根据教育方针、教学计划、教学大纲的要求，根据教学工作的规律，运用现代科学管理的理论、方法和原则，通过计划、组织、检查、总结等管理环节，对教学的各个方面、各个要素、各个环节，进行合理组合，推动教学工作正常地、高效率地运转"。

从上述论述不难看出，上面的三种界说都定位于学校层面，认为教学管理是学校内部的管理，而撇开了教育行政机关对教学的管理。这与 20 世纪 80 年代以来，我国教育管理学研究领域一直人为地将教育行政和学校管理割裂开来有关。事实上，很多的教育管理工作包括教学管理，都是统一的整体，机关部门在承担，学校也在承担。从这一事实出发，我们认为教学管理包括宏观和微观两个层次。微观层次主要是前面三种涵义所界说的学校内部的教学管理，这是狭义的教学管理；宏观层次是指教育行政机关对各级各类学校及其他教育机构教学的组织、管理和指导。

从现代中小学教学管理实践来看，教学管理通常是由教学内容管理、教学组织管理和教学过程管理三个基本部分构成的。教学内容管理主要包括课程体制、教科书制度及中小学课程的设置与安排；教学组织管理主要是指教学管理组织系统的构成、教学人事管理和教学组织形式的选择；教学过程管理一般包括教学目标的设置，教学环境的管理，教学方法、手段的提倡或推行，教学效果评定等。

## 2. 教学管理的意义

教学工作是学校的中心工作，是学校工作中最经常、最大量和最基本的工作。教学管理简单说就是对教学工作的管理，历来是学校管理的重要内容，也是学校领导者的基本活动。教学管理不仅是学校教学工作正常运行的基础和保证，而且在教师成长、教育改革等诸多方面均发挥着十分重要的作用，对学校具有重要意义。

### 管理是学校教学工作正常运行的基础

现代学校的教学活动是建立在一系列教学管理活动基础之上的。教学场所的安排、教学设施的提供、教学人员的组织、学生班级的编制及课表的编排，均是教学工作不可缺少的条件，也是教学管理的内容。没有教学管理这一基础，就会影响正常的教学秩序，使教学工作遭到破坏。

### 有助于教学质量的提高

教学质量的高低，固然与教师水平高低有关，但它主要取决于教师的专业素质和教学技能技巧。只有加强教学管理，促进教师专业素质和教学技能技巧的发展，才能更有效地提高教学质量，另外，学校教学质量的好坏固然与教师的个人素质有关，但更重要的是与整个教师集体所发挥的能力大小有关。每个教师的能量只有在合理的组合之下，才能得以充分发挥，而教学人员的排列组合正是教学管理的内容之一，还有，通过教学管理手段推广成功的教学经验和科学的教学方法，也可以促使教学质量的提高。

### 能够促进教师不断发展提高

教师专业素质和教学水平的发展提高，有赖于教学工作中的锻炼和提高。在学校中，教师的主要活动是教学。科学、合理的教学管理能保证教师在教学活动中获得有益的锻炼，加速其专业素质、教学水平的发展和提高。

### 有助于其他各项工作的开展

教学工作在学校各项工作中处于中心地位。教学工作组织协调得好，不仅有助于建立稳定、正常的教学秩序，而且有助于带动其他各项工作。如果学校工作中心经常转移，教学管理时紧时松、时抓时放，学校就会处于紊乱无序的状态，教学上不去，其他工作也难以搞好。

### 直接影响着学生的质量和育人目标的实现

教学过程不是单向的知识传授过程，而是在教师指导下学生德、智、体诸方面全面发展的过程。良好的教学管理，有助于引导教师全面认识教学工作。正确处理教与学的关系，从而有利于保证育人目标的实现等。

正是因为教学管理工作不仅是一种组织性、协调性的工作，也是一项具有思想领导，在教学领域进行改革和创新性的工作，对学校工作有如上所述的重要意义，所以学校领导要提高对教学管理的重视程度，按其本身内部规律，结合本校实际，融最新科研成果不断加强和完善教学管理工作。

教学管理历来是教育管理的重要内容，不论是教育行政管理人员还是学校的管理工作者都应该清楚地认识到这一点，把教学管理作为教育管理的主体部分来抓，充分运用教学管理职能，采取行之有效的措施和方法，对教学工作实施科学的管理。那么怎样来认识教学管理的意义呢？我们先通过下面这则案例来分析微观教学管理对于学校具有什么样的意义。

某中学是县里有名的重点中学。年轻的王校长调到该校后，采取了许多改革措施。他认为教学质量的高低取决于教师学术水平的高低，抓好科研，促进教师的学术水平是提高教学质量的关键。因此，他采取的一项改革措施便是把学校管理的中心由原来的教学管理转为科研管理。王校长期待着这一改革会带来学校教学质量的明显提高，然而事与愿违。许多教师埋头科研，虽然写出了一些论文，但由于没有深深地扎根于教学的土壤，缺少对教学实践问题的研究，大家都是为科研而科研，学术水平并没得到根本的提高。相反，由于学校放松了教学管理，许多教师又忙于科研，无暇认真钻研教材和研究学生，对教学采取了应付的态度。另一方面，由于缺乏对教学的科学、有效管理，出现了教学上的紊乱无序。这样，就导致了该校的教学质量明显下降。

分析这则案例，王校长的教训在于他试图用科研管理来取代教学管理。殊不知，科研管理与教学管理是性质不同的工作，二者对学校的发展都至关重要，决不能重视了一头而放松了另一头。从教学管理的角度有以下几个方面。

（1）它是学校教学正常运行的基础。现代学校的教学活动是建立在一系列教学管理活动基础之上的。教学场所的安排、教学设施的提供、教学人员的组织、学生班级的编制及课表的编排，均是教学工作不可缺少的条件，也是教学管理的内容。没有教学管理这一基础，就会影响正常的教学秩序，使教学工作遭到破坏。

（2）它有助于带动其他各项工作的开展。教学工作在学校各项工作中处于中心地位。教学工作组织协调得好，不仅有助于建立稳定正常的教学秩序，而且有助于带动其他各项工作。如果学校工作中心经常转移，教学管理时紧时松、时抓时放，学校就会处于紊乱无序的状态，教学上不去，其他工作也不会搞好。

（3）它能够促进教师不断发展提高。教师专业素质和教学水平的发展提高，虽离不开科研，但更有赖于教学工作中的锻炼和提高。

6

在学校中，教师的主要活动是教学，进行科研的目的是促进教学，不能本末倒置。科学、合理的教学管理能保证教师在教学活动中获得有益的锻炼，加速其专业素质、教学水平的发展和提高。

（4）它是教学质量提高的有效途径。这表现在三个方面：首先，教学质量的高低，固然与教师学术水平高低有关，但它主要取决于教师的专业素质和教学技能技巧。只有加强教学管理，促进教师专业素质和教学技能技巧的发展提高，才能有效地提高教学质量。其次，学校教学质量的好坏固然与教师的个体素质有关，但更重要的是与整个教师集体所发挥的能量大小有关。每个教师的能量只有在合理的组合之下，才能得以充分发挥，而教学人员的排列组合正是教学管理的内容之一。最后，通过教学管理手段推广成功的教学经验和科学的教学方法，可以促使教学质量的提高。

（5）它直接影响着学生的质量和育人目标的实现。教学过程绝不是单向的知识传授过程，而是在教师指导下学生德、智、体诸方面全面发展的过程。良好的教学管理，有助于引导教师全面认识教学工作，正确处理教与学的关系，从而保证学校育人目标的实现。

宏观的教学管理也称为教学行政，主要包括目标管理、课程管理、教材管理和资源管理等为主要内容的计划设计管理，以检查、指导、测试、评价、咨询、报告为主要内容的评价分析管理。宏观教学管理为教学活动指明方向、提供保障，并进行有效的评价、指导和调控，使教学活动能够有序、有效地进行。

# 3. 教学管理的原则

教学管理是学校管理工作中最基本、最重要的工作，也是比较复杂的工作，一般说来，学校管理者是按照教育规律、教学过程特点、教学原则等来进行教学管理的。

**按照教育规律管理教学**

教育规律为教育本质所决定，与教育本质、教育目的、教育过程密切相关。教育规律一般来说有如下几条。

（1）教育与社会协同发展的规律。有了人类社会，就有了教育，教育是人类社会特有的现象。社会学习化，教育社会化，教育广泛影响社会，渗透到各个领域、各个角落。而教育社会化又从各个不同的意义上更充分地显示出来，教育的时空观都在发生变化。从空间的角度看，有家庭教育、学校教育、社会教育，教育技术及远程教育又将这三者融通起来了。从时间的角度看，对于一个人来说，向前推移到学前教育乃至婴儿教育，向后则延伸到高等教育之后的继续教育，形成了终身教育概念。与社会发展形成越来越紧密的联系，这是教育发展的一个基本规律。此规律对教学管理的要求，即教学管理要面向社会，要反映社会政治制度、社会意识形态，乃至家庭伦理等方面的要求，同时还要积极对社会政治制度、社会意识形态等发挥应有的作用。

（2）教育与经济协同发展的规律。从一定角度上看，教育发展依赖于经济的发展，没有一定的经济发展，教育发展是无法顺利进行下去的。但经济的发展对教育也具有依赖性。劳动者素质是经济发展的基本要素，而劳动者素质如何则主要取决于教育状况。依照此规律，教学管理就要面向经济建设，面向现代化。在具体教学管理工作中，不能"有多少钱办多少事"或是等钱办事，而要积极开展教学管理工作，更合理、更有效地使用资金，在资金短缺的情况下亦可在管理过程中逐步解决有关经费欠缺的问题。

（3）本国教育与国际教育协同发展的规律。加入世界贸易组织，经济融入世界体系，作为与经济发展密切相关的教育也随之更加国际化，教育的国际合作与交流已成为教育发展必不可少的因素。我国教育进入世界教育领域，开展国际合作与交流，是时代的要求，是客观发展的规律要求。在当今时代，要提高教学水平，要进入世界先进行列，不放眼世界是行不通的。因此，教学管理要有世界眼光，要积极面向世界。

（4）学生身心协同发展的规律。学生的身心发展就是指学生的身体、心理等诸方面都得到发展，也就是指在德、智、体、美等方面都得到发展。只有学生在诸方面都得到发展时，学生综合素质水平才能得到提高。学生的这种水平不是几个方面发展的简单相加，而是几个方面发展的综合效应，几个方面是相互促进、相得益彰的，这是客观的规律。此规律要求教学管理一方面要适应学生身心发展的水平，另一方面要促进学生的身心发展，尤其是要促进学生身心协同发展，既要注重德育、智育、体育，也要注重美育，还要注重学生心理健康教育等，既要传授给学生知识，提高他们的智能，又要教学生如何做人，形成优秀的品德、良好的心理素质和健全的体魄。

（5）办学条件协调发展的规律。学校发展的根本衡量指标是能培养更多、更好的人才，这种发展却是各种办学条件协调发展的结果。学校办学的主要条件有：师资、图书资料、教学设备（包括仪器、校舍等）。办学诸条件需要协调发展，有了素质优良的教师队伍而无相应的物质条件不行，有了一定的教学设备却无相应的师资条件也不行。按照此规律管理教学，就要协同发展教师队伍建设、教学设备改善等，使二者相得益彰。

依据教学过程特点来管理教学

教学过程是教师有目的、有计划地引导学生掌握文化科学基础知识和基本技能，发展认识能力和创新能力，增强体质，增强生存能力，形成良好道德品质的过程。教学过程有其自身的特点，管理教学要依据这些特点来进行。

（1）教学是教师引导学生学习前人在实践中总结出来的已知知识和已知理论。首先，教师的主要任务是教书，即传授知识。教师有育人的职责，包括教学生如何做人的职责，但这是不离开知识传授的，教师在传授知识的活动过程中还肩负教学生做人的使命；教师有组织学生的活动，但这种组织活动的基本目的是为传授知识活动能够顺利展开服务的。其次，学生学习知识具有间接性。已知知识和已知理论就是教学的内容，即课程、教材。教学内容是从人类已获得的、逐渐积累起来的文化科学知识总库中精选出来的，它反映着时代的要求，是随着时代发展变化而变化的。学生一方面所习得的都是他人和前人的知识，另一方面这些知识仅靠直观、直感是很难习得的，有大量看不见、听不着、摸不到的东西，还有借助实物、图像甚至先进的仪器设备也看不见、听不着、摸不到，而只能靠理性思维才能把握的知识。间接性既依靠这种思维能力实现，同时又对发展这种能力起作用。最后，教师和学生之间的影响是双向的，但不是"对称的"。教师影响学生，学生也影响教师，但教师对学生的影响与学生对教师的影响在性质上有差别。前者是有目的、有组织进行的，显性和隐性的影响形式都有。而学生对教师的影响主要是无意展开的，更大程度上取决于教师自身的体验。根据这些特点管理教学，就要充分考虑教学内容的时代性，认真落实国家有关中小学课程的计划、大纲、教材等的要求，把教师传授知识作为衡量教师工作的基本标准，发挥教师传授知识的主导作用，调动学生学习的主动性和学习潜能，积极培养学生的学习能力。

（2）教师向学生传授书本知识，主要在课堂上进行。课堂教学是根据课程计划、教学大纲和教科书等的规定进行的，作为学校领导者要集中力量抓好课堂教学。由于书本知识是别人在实践中取得的，不属于学生的直接经验，学生不容易理解和巩固。因此，教学管理就要充分考虑课堂教学的内容、方法、手段等，做到内容要精选，方法要有效，手段要先进，要尽可能利用感性材料，尽可能利用直观、直感，发挥感觉器官的作用，理论联系实际，使学生能把感性与理性、具体与抽象结合起来，保证课堂教学的效率和质量。

（3）教学与教育紧密联系。教学过程对学生来说，既是认知发展过程，包括意志和情感发展过程，也是受教育的过程。除教师的教育外，知识本身也有教育因素，学生通过知识学习，不仅获得了知识和技能，而且在情感、意志、品德等方面也随着发生变化。学生品德优良、意志坚定，获取知识的主动性就更强；学生文化科学知识不断充实，也能促进学生认识能力等不断提高。所以，教学管理在主抓教学工作的同时要兼顾到育人的职责，教师要担负起这方面的楷模，学校要尽力给学生营造一个良好的健康成长的氛围和外部环境，切实做到教育、教学并重。

### 以教学原则为依据管理教学

教学原则是根据人们对教育规律和教学过程规律的认识提出来的，是教学经验的高度概括和总结，是根据教学目的、教育方针提出的教学工作的基本要求，是解决教学内容、教学方法、教学组织诸问题必须遵循的原则。尽管由于对教育与教学目的的认识存在差异、对教学规律的看法的不同而制定的教学原则也有不同，因而有各种不同的教学原则体系，但教学原则体系对教学管理仍有指导意义。教学管理不宜总是以教育方针、教育目的去指导教学和进行管理，总要具体化一些。同时，教学管理又不宜于直接指导教学方法，何况不同学科、不同年级的教学方法各异。教学原则正好可二者兼顾，它既能体现教育方针、教育目的、教学规律，又可以指导教学方法及教学各环节的实施。所以，管理教学应依据教学原则进行。在当今时代，在具体教学管理活动中，尤其要注重以下教学原则。

（1）因材施教原则。它的涵义就是立足学生的实际情况，有的放矢，采取与学生情况相适应的方法进行教育。学生的个别差异是客观存在的，无论是传授知识还是进行思想政治教育，无论是课堂教学还是课外活动，都应该贯彻这条原则。要做到因材施教，必须要了解学生，了解学生的兴趣爱好、性格特点、知识水平、身心发展状况等。根据这些情况，有针对性的进行教育教学工作。

（2）循序渐进原则。它的涵义是依照一定的次序一步一步地进行教学。这里的序，既可指科学知识本身的序，也可指学生发展的序，还可指学生年龄特征的序，总之，它含量丰富。遵循这个"序"进行教学，这样教的知识必然是"可接受的"，这样学的知识也必然是"巩固"的，这应该既是教师教的原则，也应该是学生学的原则。

（3）知识传授与发展智力相协调的原则。就是既要重视知识的传授，又要重视在传授知识过程中发展学生智力，既要引导学生学习，又要引导学生学会学习，二者有机结合，协调发展，不可偏废，这是重要的原则。教学中传授知识和发展智力是对立统一的关系。在教学组织得合理的条件下，二者是统一的、互相促进的。智力是在掌握知识的过程中获得发展的，不学习知识就不可能发展智力。反过来，智力获得良好的发展可以使学生学习知识加快、加深，并能够灵活运用。但是，传授知识和发展智力并不完全是一回事，有同样知识或知识水平大体相同的学生，彼此的智力和学习能力可能不一样。在教学组织不合理的条件下，学习知识和发展智力二者之间会发生割裂，甚至对立的现象。所以，要在掌握二者内在联系的基础上，有目的、有计划地把传授知识和发展智力统一起来。

（4）思维训练与操作训练相协调的原则。很明显，思维训练，侧重在训练脑力，操作训练侧重在训练动手能力。这一原则所强调的就是重视这两方面，而且重视这两方面的协调发展。在人的智力中，思维被认为是核心成分，但是，操作能力也很重要，而且对思维的发展有一定的作用，操作能力很差也影响思维发展。思维的外显也需要操作，其作用的发挥离不开操作。思维可使人聪明，操作也可使人聪明，二者协调起来，和谐发展，不仅知识可以学得更好，而且人会变得更聪明起来。贯彻这条原则，就要正确处理动脑和动手的关系，就要把教学和生活、间接经验和直接经验、观点和材料结合起来。结合理论知识的系统学习，恰当地联系具体实际，使学生了解所学理论知识的实际意义，帮助他们获得必要的直接经验和事实材料，以便他们更好地掌握书本知识和间接经验，同时，还要创造多种多样的活动形式，使学生把知识运用于实践，如练习、实验、实习、参加一定的劳动和社会活动，学会读、写、算及其他一些学习的和生活的基本技能，学会独立地、创造性地运用知识。

（5）教师的主导作用与学生主体作用相协调的原则。学校教师与学生之间的关系，应当建立在一种相互理解、相互沟通的基础上，不仅在认知层面上沟通，而且在感情层面上沟通。在教学过程中，教师与学生都在发挥作用，一般情况下，教师发挥主导作用，学生发挥主体作用。教师的主导作用关键在一个"导"字，辅导、引导、向导、教导、指导等。但主导决不是主演。教师应尽量让学生当主角，尽量让学生去"自己完成"，也就是尽量让学生发挥主体作用。学生是心理活动的主体，在这种活动的有效展开过程中，越放手让其处于主动地位，效果就越好。教师的引导是必要的，但代替又是无益的。教师也是自己心理活动的主体，其主体作用的发挥也是重要的，但是，教学的主要目的、落脚点，在于学生主体作用的发挥，在于培养他们，在于使他们和谐发展；教师主体作用发挥得如何，又主要根据学生主体作用发挥得如何来评判。教师的主导作用越是充分发挥，就越能保证学生主体作用的发挥，学生的主动性、积极性、创造性就会充分展现出来；学生越是充分发挥主体作用，就越能体现教师的主导作用。二者是相辅相成、相得益彰的，教学管理不要偏废哪一方面，要二者并重，既要关注教师的主导作用的发挥，又要关注学生主体作用的发挥，努力促进二者的协调与和谐。

# 4. 教学管理的任务

教学管理任务有宏观和微观之分，因而对教育行政部门和学校来说各有不同的内容，但它们也有许多重叠之处，这里不打算把二者区分得太细，只对存在明显不同的地方加以说明。概括地讲，教学管理主要有以下几项任务。

（1）全面贯彻党的教育方针，全面提高教育质量，这是教育行政部门和学校的中心任务，不论是教育行政部门在制定相关政策，还是学校在具体组织教学工作的过程中，都必须围绕这个中心。

（2）确保教学的正确方向。对于教育行政部门来说，在出台有关政策，制订有关文件时，必须坚持社会主义的方向，发挥政策的导向作用，学校则应组织各级领导和广大教职工认真学习，全面理解、掌握党和国家的教育方针及上级行政部门制订的有关政策，以确保教学的正确方向。

（3）建立和维护教学为主的工作秩序，保证教学活动的有序进行。建立正常的教学秩序，不仅要靠学校内部严格管理，建立和健全教学工作的各项规章制度，还需要教育行政部门建立必要的保障机制。例如，课程设置、教材内容的协调组织、教学资源的标准及其供给，排除外部对学校正常教学秩序的非法干预等。

（4）深化教学管理改革，建立科学的教学工作体系。深化教学管理改革，不仅要做好微观的工作，还要从宏观上加以调控。要宣传先进的教学思想、改革教学模式；要根据提高国民素质的需要，在课程方案、教材内容、招生考试制度等方面进行改革；要引导和帮助教师树立正确的教学观、学生观和质量观，"积极实行启发式和讨论式教学、激发学生独立思考和创新的意识，切实提高教学质量，"建立科学的教学质量评价体系，形成学校教学工作良性循环的激励机制。

（5）加强教学科研工作，促进教学科学化。做好教学研究和教改实验，引导教师进行科学研究，鼓励、支持他们更新教学内容、改革教学方法，运用新的教学手段和技术等。教育行政部门要提供信息资料服务，提供教师培训，总结和推广优秀的教育科研成果，促进教学工作的科学化、现代化。

（6）充分调动教师工作热情，不断提高教学质量。教育行政部门应该经常调查研究，分析教师工作的状况及影响教师积极性的各种因素，努力做好思想政治工作，客观公正地考核评估教师的业绩，建立教学优秀成果奖励制度，表彰优秀教师，通过各种方式激发教师的积极性和创造性。

要完成教学管理的任务，实现教学管理目标，在实施教学管理的过程中也应遵循一些基本的要求，如要坚持管理育人，使教学管理有利于人才培养；坚持科学管理，克服主观臆断和经验管理的缺陷；坚持民主管理，充分调动各方面的积极性等。

# 5. 教学管理的系统

教学管理系统涉及两个问题，一是教学管理组织系统的构建；二是教学管理的制度建设。

### 教学管理组织系统的构建

构建高效能的教学管理组织是现代教学管理的前提条件。现代教学组织是随着教学规模的扩大，班级授课制的出现，现代学校的产生而逐渐构建起来的。现代教学管理组织的构建，推动和促进了教学管理的发展和完善。现代教学管理组织，作为现代教学管理的重要工具和手段，已为越来越多的教学管理者所运用，并在提高教学质量、培养合格人才方面发挥着极其重要的作用。

国外教学管理组织系统基本可以分为两大类：一类是通过设置若干级正式的教学行政管理机构来形成学校教学管理组织系统，以行使教学管理的基本职能，维护正常的教学秩序；另一类是通过设置各种咨询、审议、监督机构，广泛吸收学校成员及校外人士参与教学管理工作，以便改善学校的教学工作质量。

我们可以借鉴这两类教学管理组织系统类型，并根据我国学校的实际，来构建教学管理组织系统。在这方面，我们进行了初步的尝试，提出如下构想。

我们知道，教学管理可分为教育行政部门教学管理和学校教学管理，因而教学管理组织系统可分为教育行政部门的教学管理组织和学校的教学管理组织。但是，教育行政部门的教学管理组织不像学校教学管理组织那样专职化，而是和其他职能管理的组织融合在一起。具体来说，教育行政部门的教学管理组织系统大致包括三个方面的机构，即教学行政管理组织（如教育局的中教科、小教科）、教学业务管理组织（如区、县教委管辖之下的教研室），以及教学督导组织（很多教育督导室也直接对基层学校教学工作进行督导）。同样，学校的教学管理组织系统也分为行政和业务两种管理组织，另外可增加一个教学咨询、审议、监督机构。按照系统论原理，作为一个完整有序的系统，它应同时具备信息反馈功能。所以，教学管理组织系统由教育行政部门教学管理组织系统、学校教学管理组织系统、反馈系统三个一级子系统构成，各一级子系统又有若干二级子系统构成。

### 教学管理的制度建设

教学管理制度是指为强化教学管理，稳定教学秩序，加强教学质量控制而制定的教学规章、制度、条例、规则、细则、守则等。它具有一定的法治效应和约束力，是全体师生和教学管理人员必须共同遵守的教学行为准则。它是教学管理系统的重要组成部分，是实现教学管理科学化和教务工作规范化的基础。

教学管理制度随教学管理分成两类：一类为国家教育行政部门制定的管理教学的法规制度、文件、纲要等；另一类为学校内部为管理教学而制定的规章制度、细节等。在此，我们着重讨论学校内部的教学管理制度。

因为要对教学工作的各个方面和环节都做出具体而明确的管理规定和要求，从而对教学进行系统而有效的管理，因此教学管理制度的构成也是一个复杂多样的系统。有人把这个复杂多样的系统分成了教学主体系统、教学基本建设系统、教学辅助系统三个子系统，每个子系统内又由若干类构成，每个类下面再分出若干条制度，显得非常详细和完善。我们认为，学校教学管理制度主要包括教师教学常规；学生学籍管理条例；学生学业成绩考核与管理制度；教材管理制度；校、处、教研室的职责权限等的规定等。

教学管理制度的制定，是一项严肃而细致的工作，如何制定出科学、合理的教学管理制度呢？换一句话说，教学管理制度的制定要遵循哪些要求呢？

制定教学管理制度必须符合党的教育方针、国家法律、教育行政部门的有关法规精神。要在这些法律、法规、精神的指引下结合本校的实际情况做出各项细则。由于各校实际情况有所不同，有的甚至差别很大，因此不可能有一个固定的制定规则，一般来说，要制定教学管理制度时，要注意这几个问题：①要从人才培养、实现教育目标出发，使规章制度的制定过程成为教育的过程。②要从实际出发，讲求科学性。③要考虑到时空性，既不能随心所欲、朝令夕改，也不能僵化，要对其不断改进和逐步完善。④既要严肃，又要讲民主，尽量体现广大师生意愿。

# 6. 校长与教学管理的关系

建设一支结构合理、素质较高的教学管理队伍，是提高教学管理效率的重要途径。但是，办好一所学校更关键的在于要有一个好校长。一个好校长是办好一所学校的关键。教学是学校的中心工作，因而校长在学校扮演的最重要角色，应是教学工作的管理者。校长要搞好教学管理，除了在思想上重视，把教学管理摆到学校管理的中心，还应做到以下几方面。

（1）学习和掌握教学理论教学是学校的中心工作，因而，不懂教学的校长不是名副其实的校长；对教学没有独到见解的校长，不能成为名校长。简言之，校长必须抓教学，抓教学就必须学习和掌握教学理论。教学理论，特别是现代教学理论的内容十分丰富，主要包括教学结构论、教学过程论和教学方法论。校长只有掌握了这些教学理论，才能正确地领导教学。

（2）深入教学第一线，参加教学实践校长要取得管理教学的主动权，还必须深入教学第一线，了解教学，把教学过程中最重要、最本质的东西找出来。要了解每个教研组本学年、本学期的主攻方向是什么、了解各学科教改的动态和进程、了解本校教师的教学水平、主要经验等教学情况。校长可以采取个别谈话、召开座谈会等途径，但主要途径是听课。另外，要掌握教学状况的第一手资料，校长还必须参加教学实践，适当地兼一些课。

（3）善于指导教学校长掌握教学理论，深入教学第一线了解、参加教学的目的，都是为了更好地领导和指导教学。指导教学不是找教师的"差错"，更不是自以为是地发表议论，指导教学是为了改进教学、探索规律。指导教学应注意一些原则，如教与学相统一原则，既看教师的教，也看学生的学；教学目的与教学效果相统一的原则及坚持德、智、体全面发展原则等。总之，校长指导教学要有利于推动教学改革，有利于提高教师教学能力，有利于提高教师的自觉性、主动性和积极性。

# 7. 教学的常规管理

教学是有规律可循的，教学的常规管理就是按照教学规律对教学工作进行的日常管理。

教学管理中有哪些应该遵守的常规呢？

**教师教的常规**

教师教学过程的基本环节有备课、上课、作业、辅导、考查等。对这些基本环节应提出规格要求，才能保证教学质量。

（1）备课。备课是上课前的准备工作，应要求教师做到四备，即备教材、备学生、备教法、备作业。教师应该写教案或备课笔记，这是加强教学计划性的具体表现。教案或教学笔记应反映四个方面的要求：①有明确的教学目的。②有主要的教学内容和重点、难点。③作业布置，包括对好、中、差三类学生的不同要求。④教学方法的设计。教案或教学笔记应体现教师在教学上的特色和风格，反对一味照抄教学参考资料。

（2）上课。上课是教学过程的中心环节，也是关键环节。上课效果的好坏，直接影响着作业和辅导，如课堂未听懂，知识缺陷多，作业不会做，进度跟不上，课外补课占去大量时间。因此，要强调课堂解决问题，要重视讲练结合。学校领导和教师，都要明确一堂好课的标准。领导干部按照这个标准来检查教师的课堂教学，教师按照这个标准来训练自己的基本功。

（3）作业。布置适量的作业，是使学生加深理解课堂所学知识的重要手段，是将知识转化为技能、技巧的有效途径，但一定要把握好尺度，不可过多过难。小学低年级不应布置课外作业，其他年级也应尽量少布置作业。中学教师布置作业，要考虑其他学科，要考虑学生的休息娱乐，一定要有全局观念。可布置、可不布置的作业就不要布置。长期以来，学生学习负担过重，主要是作业多、考试多。一门学科每天布置半小时作业，孤立起来看是不多的，但每门学科每天布置半小时作业，学生承担的压力就无法承受。

（4）辅导。课外辅导是课堂教学的补充，是因材施教的手段。课外辅导的任务是指导学生自学，解答学生疑难问题，使学生进一步理解和消化教材。课外辅导要重在解决差生和优等生"吃不消"和"吃不饱"的问题。通过辅导，使差生逐步树立学习信心，迎头赶上，使优等生扩大知识面，进一步发挥自己的爱好和特长。对中间状态的学生，主要是指导学习方法。辅导只宜个别进行，不可采用集体讲课办法。有的教师利用课外辅导时间，给全班学生讲课，实际上是加班加点，增加学生的负担。

（5）考查。成绩考试考查本身不是目的，是检查教学效果的手段。要重视对学生的平时考查，通过课堂提问、作业批改、实验实习等多种形式，检查教学效果。平时考查应有成绩记载。期中考试和学期考试，应在学校统一组织下，根据教学大纲、教材的要求，出好试题，评好试卷，做好成绩分析工作。考试次数要严格控制，试题难易要适当，不搞突然袭击，不能只考死记硬背的东西。

学生学的常规

学生学习过程的基本环节有预习、听课、复习、作业、小结等。对这些基本环节，也应提出规格要求，才能保证学生的学习质量。

（1）预习。预习就是在教师讲新课之前，提前自己学习新课。当然，并不是所有的课都要预习。哪些课要预习，哪些课不需要预习，学生可根据自己的基础和时间来掌握，一般说来，小学高年级的语文、算术，中学的语、数、外、理、化等课，要养成预习习惯。预习的方法和步骤是通读、标疑、思考。即把要学的新课浏览一遍，把不懂的内容标上记号，对后面的习题进行初步思考。预习是为了提高听课水平，培养自学能力。不要用预习来代替听课。

（2）听课。听课是学生学习过程的中心环节，是学好功课的关键。听课要做到专心听讲，积极思考，重点笔记，踊跃答问。所谓专心听讲，就是听课时要聚精会神、思想上不溜号，行为上不做与课堂无关的事。所谓积极思考，就是要开动脑筋，认真思考教师提出的问题，思考其他同学的提问和答问，多问几个为什么，并敢于提出问题。所谓重点笔记，就是要把教师讲课的要点，教师特别强调的、结论性的论述，重点地记下来，或在书上加批注。所谓踊跃答问，就是对教师提出的问题要敢于积极给予回答。课堂回答教师的提问，是学生锻炼思维能力，锻炼即席发言能力，锻炼口才的大好机会。作为学生要主动利用这种机会，锻炼和发展这些能力。

（3）复习。复习是把知识转化为技能的过渡环节。复习的目的在于加深理解教材，消化巩固知识，使知识系统化。复习要做到认真及时，把握重点，融会贯通，胸有计划。所谓认真及时，就是当天的功课要当天复习，这样才能减少遗忘；所谓把握重点，就是要把基础知识、基本概念弄清楚，把不懂的问题彻底弄懂，不留下知识缺陷；所谓融会贯通，就是不要孤立地死记知识，要把所学知识互相联系起来，可用摘要、列提纲等办法加以归纳，使之系统化；所谓胸有计划，就是要照顾各科，不要偏科，还要把经常复习与阶段复习结合起来。

（4）作业。作业是学生把课堂知识转化为技能技巧的途径。对于教师来说，要尽可能做到课堂解决问题，作业要少，要适量，要有全局观念；对于学生来说，要严肃认真地做作业，要有刻苦的学习精神。"题海战术"和反对布置必要作业的观点都是犯了走向极端化的错误。

（5）小结。小结是学生学完一章或一单元的学习任务后所做的总结。即回顾前一段的学习，哪些知识掌握得牢固，哪些地方存在着缺漏，有什么经验，有什么教训。小结的目的在于把前面学的知识条理化、系统化。小结的形式应灵活多样，可采用学生自己喜爱的形式，或写成日记，或写成周记，或写成讲演稿，或写个发言提纲，只要能达到目的即可。对小学生，一般不必做此要求。

**课堂常规**

课堂常规就是课堂上要讲的纪律，其中有要求学生遵守的，也有要求教师遵守的。

（1）课前准备的要求

①上课预备铃响后，学生即进入教室。

②备好各种学习用具，如课本、笔记本、语文和外语的字典、数学的圆规、三角板等。

③保持安静。

（2）上课过程中的要求

①上课铃响后，教师应立即进入教室。教师登上讲台后，班长或值日生呼喊"起立"口令；教师答礼后，班长或值日生呼喊"坐下"口令。

②学生要专心听讲，积极思考，发言先举手，答问要起立，不

随便说话，不做小动作。

（3）下课及课间的要求

①下课铃响后，教师应及时下课，不拖堂；经班长或值日生呼喊"起立"口令，教师答礼后，学生才能离开教室。

②课间不得在教室或走廊追逐打闹。

（4）课堂整洁的要求

①要保持教室清洁，安排好值日工作，值日生要认真负责。

②不准随意移动座位或随便调换座位。

**教学组织工作的常规**

从学期开始到学期结束，有一系列教学组织工作。这些组织工作，也是我们应该坚持的常规。

（1）学期初要做好的教学组织工作有：组织教师学习有关党和国家的教育方针政策和上级指示；讨论学校工作计划并订好教研组的工作计划；钻研教学大纲和教科书；安排好教学进度。

（2）学期中要做好的教学组织工作有：根据教学大纲、教科书和教学进度对教师的教和学生的学进行检查；组织期中考试；分析前半学期的教学质量；做好期中教学小结，提出后半学期的要求和措施。

（3）学期末要做好的教学组织工作有：组织和安排总复习和学期考试；进行质量分析；做好教学总结，对教学计划执行情况进行评估；安排下学期教师的教学任务，以便教师利用假期适当备课。

（4）寒暑假要做好的教学组织工作有：制订新学期（学年）的教学工作计划；组织教师休息或适当备课。

**教务行政工作的常规**

教务行政工作是教学工作开始前的准备工作，是保证正常教学秩序、提高教学质量的重要条件。教务行政工作的主要内容有编班、编排课表、编排作息时间表和每周活动总表、学籍管理、图书仪器管理、教务档案资料的分类与保存、教务表册的印制等，这些工作已形成常规，不可忽视。

（1）编班。现行教学班是教学的基本组织形式。做好编班工作，对于建立良好的班集体、培养优良班风，具有十分重要的意义。合理地编班要以有利于教师教学、有利于班主任的教育工作、有利于班集体的形成为基本出发点，编班的一般原则有以下几个方面。

①每班要男女混合。

②人数相差无几。小学每班40～45人，中学每班45～48人，男女生约各占一半。

③成绩好差搭配。好中差均匀分配，不要编快慢班。

④每班配备骨干。不仅要配备干部，还要把在体、音、美方面有专长的学生合理分配。

⑤同一地区集中。如农村同一村庄、城市同一街道的学生，除个别有纠纷者外，应编在同一个班，以便开展校外活动和召开家长会。

⑥后进学生分散。顽童、后进生、留级生，应分散编到各班去，但也不宜平均分配。

班级一经编定，要保持相对稳定，不要轻易让学生换班。

（2）编排课表。课堂教学是按固定的课表进行的。编排课表要有科学根据，要符合教育学、心理学和卫生学的要求，要有利于提高学生的学习效率。通常情况下，要兼顾到下列几个问题。

①要注意到学生的学习时间和精力。编排课表最基本的要求是使学生在每一天都保持学习的高效率，应根据学习精力的变化曲线，合理安排。因此，凡是要多用脑筋、费精神的科目，最好排在上午一、二、三节。音乐、体育、图画、写字、自习等可排在下午。尽量做到作业多的课排在自习课的前面一节，理科课程与文科课程交叉搭配

排，作业多的课和作业少的课搭配排，文化课与音、体、美等课交叉搭配排。

②要合理使用教师的精力，使教师有很好的工作效果。编排课表时要考虑到教师能够比较好地利用时间，便于教师有时间备课和批改作业，有时间参加教学研究活动，或进修提高。也要考虑到同科教师能互相听课。同一进度教师的课，一般应把老教师的课排在前头，便于新教师能先听课而后讲课。对一些有特殊困难的教师应尽可能给予照顾。

③要注意到教具、场地、教学仪器和其他设备的充分利用。如理化实验室，体育的场地、设施、器材等要充分利用，课时安排不要冲突，以免影响教学质量。

④要将团队活动和班会活动一并排入课表，使学生能有准备地参加这些活动，并搞好这些活动。

⑤编排课表时要注意听取教师特别是教研组长的意见，课表一经正式排定，就不宜随意变动，否则就会影响教学秩序。

（3）编排作息时间表和每周活动总表。作息时间表是全校的总调度表，规定了全校的上课、下课、用餐、娱乐、休息、睡眠的时间。应按季节的不同及时调整。一般可编排三套作息时间表，即春秋令时间表，根据昼夜平分的特点来编排；夏令时间表，根据昼长夜短的特点来编排；冬令时间表，根据昼短夜长的特点来编排。

每周活动总表主要是合理安排每周的会议时间和课外活动时间。每周五的下午，除上课、自习外，应将班会，团队活动，教工的党、团和工会活动，政治学习，学生的课外文艺活动、体育活动、学科活动、科技活动、大扫除等合理做出安排，并固定下来，使全校师生心中有数，知道什么时间干什么事、参加什么活动。

（4）教务档案资料的分类与保存。为掌握学校历史发展进程中的基本情况及有关数据，以便制订工作计划和向学生进行传统教育，必须加强对教务档案资料的管理。这些资料可按以下项目分类。

①上级文件。包括中央、省、地、市、县各级教育行政部门下达的文件。

②请示报告。包括本校招生、基建、人事、设备购置，师生奖惩等方面向上级写的报告的底稿。

③规章制度。包括各种规则、制度、工作条例、奖惩办法。

④计划总结。

⑤试题试卷。

⑥报表统计。

⑦外来资料。指兄弟学校、兄弟省市的交流资料。

⑧教师业务档案。包括教师来校的时间，每学期所任课程、年级、节数、考勤记载、进修考核情况、公开课教案、评议记录，在报章杂志上发表的论文目录及自制重要教具名称等。

（5）学籍管理。全校学生的学籍名册，分班分年级印好后，要装订成册，归档保管；要建立学生的学籍卡片（或叫学籍表），记载学生每个学期、学年的学籍内容，按班级编号，装订成册，妥善保管；学生自一年级入学至毕业的学习成绩，要准确地登记在统一的学籍卡上；小学升初中、初中升高中的毕业登记表，要分班、分级归档保管；学生转学、休学、复学、退学、肄业、毕业等证件的存根要分期、分年保管；学生证、校徽号码登记簿，要装订成册；历届学生的去向情况要及时登记。

（6）教务表册的印制。学校经常使用的教务表册，有以下几类。

①教学类：包括教学进度表、教科书调查表、各班周课表、教师任课表、全校总课程表、教室日志等。

②考勤类：包括教师、学生的请假单，教师、学生的缺课记录，

教师请假统计表等。

③成绩类：包括学生成绩表、年组成绩表、各科记分册、学生成绩通知单、成绩登记表、成绩统计表等。

④证明类：包括毕业证书、转学证书、肄业证书。

⑤记载类：包括历届教职员、学生人数统计，历届毕业生名册，历届休学、退学、转学学生名册，历年各级学生成绩不及格人数、留级人数统计表，历年最优生及三好生名册等。

⑥注册类：包括注册登记表、学籍表（卡）。

⑦图书仪器类：包括购书薄，借书证，仪器、标本、器械、药品总登记簿等。

（7）图书、仪器管理。图书和仪器是学校不可缺少的教学资料和教学工具，对于提高教学质量有重大作用。图书、仪器管理，也应建立常规。中学应设专职人员负责，小学则由教师或行政人员兼管。图书室（馆）、实验室属教导处管辖。

图书室（馆）的任务主要是购书、保管和流通三大方面，同时要健全图书借阅和赔偿制度。购书环节主要是要做到所购图书要适用，不可滥购一气。图书的保管，主要是做好图书登记、编目、分类、上架等工作，并注意防蛀、防潮。图书的流通，要从方便师生出发，建立合理的借阅制度，做好新书介绍工作。为保护图书，要建立赔偿制度，并严格执行。

教学仪器是加强基础知识、训练基本技能、培养学生能力的重要的物质条件，要充分发挥其作用。实验室的任务是配合教学，整理和装置必需的教学仪器，以便师生能顺利地进行教学实验。一般中学应根据教学大纲的规定，分别设置物理、化学、生物等实验室，小学应设置自然常识实验室。仪器的购置，要根据教学需要和经济条件，逐步充实；仪器的存放要依据教科书的体系，科学分类。对于易燃、有毒等危险药品和贵重仪器，要放在安全可靠的地方。每次实验之后，要及时清理。每学期要定期清查，发现破损，要及时修整、补充，如有遗失，要及时查究。管理人员要和教师一道，共同研究建立与健全仪器管理、使用和操作制度。

# 8. 教学的有效管理

有效的教学取决于有效的管理，有效的课堂教学管理是课堂教学得以顺利和有效进行的前提。如果没有课堂教学管理，或者课堂教学管理不当，就会严重影响课堂教学质量。课堂教学质量的优劣将直接影响到学校教学任务的完成、教学目标的实现和教学质量的提高。但是，在过去的很长一段时间内，成人高等师范教育工作者较多关注的只是课堂教学的改进，而相对忽视课堂教学管理水平的提高。因此，如何加强学校课堂教学管理，适时调整管理策略以适应优质课堂教学的需要，是当前学校亟待解决的问题。

### 影响教师有效课堂教学管理的基本因素

教师是课堂教学和课堂教学管理的决策者。教师的素质高低是有效课堂教学管理的关键。胜任教育教学的教师需要具备三方面的知识：学科知识，即教师所具备的特定学科的知识；条件性知识，即教育教学中所运用的教育学与心理学的知识；实践性知识，即教师在实际教学过程中所具有的课堂情境知识及与之相关的知识。学科知识是教师的基础性必备知识，条件性知识和实践性知识是教师必备的特殊的专业知识。据一项研究结果表明，无论是小学教师还是中学教师及师范生，对条件性知识与实践性知识的掌握都不能令人满意。然而条件性知识和实践性知识是教师专业知识中不可或缺的部分，是教师职业独特性的体现。教师职业的独特性突出体现在具有其他受过同等学历训练的人所不具备的丰富的条件性知识和实践性知识上。学校是教师专业化教育的重要场所。学校的学生大多来自中小学，他们上学前均已拥有不同程度的课堂教学水平和课堂教学管理水平，并且有相当部分是所任职学校的重点培养对象和骨干教师。为此，学校必须对现有学生业已形成的专业化知识和技能进行诊断与调控，有针对性的对学生实施教师专业化教育，使他们各种知识结构得以合理构建，才能确保学校所培养的人才规格有别于普通高等师范院校。但是，在实践中我们发现，由于部分从事成人高等师范教育的教师尚未能真正将教师作为一种专业来认识，他们在教育教学过程中就没有完全的、充分的体现教师教育的学科专业与教育专业的双专业特色，尤其在课堂教学过程中，大多数教师误认为教师的任务是教学，管理是班主任的事，与己无关，因而不能很好地为学生（为人师的学生）展示其教学和管理的双示范性作用。这就是为什么学校毕业生在中小学教育中未能充分体现专业化教师教育优势的主要原因。实践证明，教师管理能力的高低、管理作用发挥得如何，已成为决定课堂教学效果好坏的重要因素。当前，学校的教师课堂教学管理水平如何？据我们实地调查，发现仍有相当多的教师课堂教学管理水平比较低。影响学校的教师有效课堂教学管理水平的主要因素有如下几个方面。

（1）教师业务素质偏低。人的素质是形成管理能力的重要前提，是提高管理水平之源。当前，不少学校的教师因业务基础知识欠缺，再加上备课不充分，没有透彻理解教学内容，讲课照本宣科，无法激发学生的学习兴趣，致使学生在课堂上放弃"主业"而大搞"副业"。这部分教师虽也看到课堂教学秩序混乱，但由于自身能力的不足，因而不敢去严格管理学生，只好在课堂教学中对学生的错误行为放任自流，课堂教学效果自然不好。

（2）课堂教学管理缺乏术。学校部分教师由于缺乏必备的课堂教学管理理论知识和相应的管理经验，因而课堂教学驾驭能力不高，易出现课堂教学秩序混乱的现象。其体现在：一是部分教师面对无序的课堂教学秩序束手无策；二是部分教师过高估计学校学生的自制能力和自我管理能力，认为课堂教学管理是大学生自己的事，而放松对学生学习的管理；三是部分教师未能担当起教师既是课堂教学的实际操作者又是课堂教学的主要管理者的重任，片面认为自己的任务是传授知识，只要把所传授的知识讲清楚讲明白就是完成了课堂教学任务，因而课堂教学存在比较严重的"有教无管"的现象。

（3）教学管理制度缺陷。近年来，学校加大了教学管理改革力度，加强教学管理制度建设，收到了初步的改革成效。但是一些教学管理制度由于自身缺陷所引发的负面效应也比较突出。如近年来实施的学生给教师课堂教学评估打分，虽然能比较真实地反映教师课堂教学的情况，但也有个别学生对某些具有丰富的教学经验、业务素质高、教学效果好、敢于和严于管理学生的教师打低分，而对那些业务素质较低、教学效果差、千方百计讨好学生、给学生"送分"的教师打高分。其后果是，一方面使部分教师害怕因严格管理学生致使学生给自己打低分，影响自己教学业绩的考核或教学评优，而放松对学生的课堂教学管理；另一方面，也极大地挫伤了那些管教管导的教师的工作积极性，进而造成课堂教学管理水平和课堂教学质量的下降。

（4）课堂教学管理模式落后。据笔者深入课堂听课所了解，目前仍有为数不少的学校的教师习惯于课堂教学管理的权威模式。此模式的特点是：整个课堂教学管理更多地倾向于行为控制和程序化问题的解决，侧重于规章制度和学生的服从，注重课堂秩序和规则性，这种管理遵循一种单向的运作原则，即课堂所有活动及进程都完全由教师单方面进行，禁止把行动建立在学生个人内在价值的体现上，而是建立在对教师的严格服从和诚恳态度上。通过对此模式的分析，我们可以看出，教师始终居于主控地位，课堂教学管理过程即为教师控制学生课堂行为的过程。这种管理模式虽然能加强教师的权威与效力，确保课堂的秩序性，从而为教师创造了面对众多不同需要和不同条件的学生进行快速灌输知识的极好条件，但是通过教师是权威者的模式而采取暂时的行为控制，并没有从根本上解决学生问题行为产生的思想问题，依靠行为维持的课堂教学安静，难以使学生收回游离于课堂之外的思维，课堂教学效果仍然很差。因此，在知识经济条件下，这种约束多、弹性少的课堂教学管理模式显然不能满足学校课堂教学管理改革的需要，需要加以变革。

### 课堂教学管理的有效策略

在课堂教学仍作为学校基本教学组织形式的今天，教育工作者要想成功地实现教育教学目标，提高课堂教学效率，就必须及时针对当前课堂教学管理存在的突出问题，适时调整管理策略。

（1）明确课堂教学管理定位，正确处理好课堂教学和课堂教学管理的关系，教学既是一个认识过程，又是一个管理过程。教学具有认识与管理的双重任务。课堂教学管理是在课堂教学的长期发展过程中提出，并逐步形成的一种有序的、规范化的要求。课堂教学过程中隐含着充分的管理因素。事实上，教师课堂教学管理与课堂教学相伴产生，二者之间存在同生共轨的关系。有序高效的教学是课堂教学管理的目的，也是课堂教学管理的根本途径。因此，我们可以说，课堂教学和课堂教学管理在教学过程中是不可分割的，它们通过教学过程中的诸变量发生相互影响。一方面，课堂教学管理影响教学；另一方面，教学也会影响课堂教学管理。如教学设计如果能考虑学生的个别差异，就能预防一些课堂问题。同时，课堂教学与课堂教学管理是共生的，但二者不能相互替代，因为二者在目标、实践主体、稳定系数等方面有别，故不能将二者混为一体。

（2）确立正确的课堂教学思想是学校课堂教学管理的"纲"，正确的课堂教学思想是课堂教学管理的灵魂。课堂教学管理首先应是课堂教学思想的管理。课堂教学思想是指导人们将关于课堂教学的客观规律的认识，转变为指导人们进行课堂教学实践的基本主张和具体要求，是提高学校课堂教学质量所努力想要达到的标准。当前，我们认为学校要围绕"以学科的师范性为先导，以学科的学术性为前提，以学科的基本思想为主线，以学科的思维训练为中心，以学科的示范性教学为手段，以学科的知识体系为基础"等方面构建自身的课堂教学指导思想。只有用体现时代精神和师范特色的课堂教学思想来指导，课堂教学管理改革才有方向，离开了先进的课堂教学思想指导，课堂教学管理改革只能是一种盲目的探索。

（3）营造和保护相对平衡、协调共进的课堂教学生态。生态学理论告诉我们：在自然界中，每一个生物与非生物因素都是相互联系、相互依存、相互制约的，如果其中一个因素遭到破坏，就会引起连锁反应，从而导致生态失衡。课堂教学是由许多因素构成的，这些因素之间和谐共处所构成的教学生态系统是教学取得成效的前提。要营造和保护良好的课堂教学生态，教师必须注意加强以下几个方面的建设。

一是要适时转换角色，做好教书育人工作。在课堂教学生态中，教师处在一个由学生因素和环境因素构成的复杂关系中，扮演着重要的角色。课堂教学生态关系的复杂性需要教师拥有多种行为规范和行为模式。这就要求教师在教学过程中扮演知识的传授者、能力的培养者、榜样、心理医生、家长的代理人、朋友与知己等各种不同的生态角色，以发挥多样的教育功能。

二是要主动营造帮助学生做成功者的课堂教学环境。在课堂教学中，教师要时时处处以"帮助学生做成功者"为基本指导思想。努力营造一种尊重学生的观点、问题，鼓励学生提问、概括、假设和陈述的课堂教学环境，让课堂教学环境能发挥对学生的激励作用。

三是改善课堂的生态空间环境。教师要从方便学生学习和发展需要出发，适时改善他们所处的课堂生态空间环境，比如课堂中座位的改变就是一种形式，使其传递这样一条信息：学生是重要的。

四是建立互助的师生关系。课堂是师生共同成长的一个重要场所。要使课堂教学生态保持动态平衡，师生关系必须是互助关系。师生建立起互助关系，便可减少许多猜疑、对立，师生间的心理距离就会接近，师生之间的感情就更为融洽，更有利于教学相长。

（4）注意反思和整合课堂教学管理模式。课堂教学管理模式能给教师特别是年轻教师提供一种富有成效的操作程序，有利于建立规范的课堂教学管理秩序，提高课堂教学质量。但是无论一个课堂教学管理模式多么先进，它也不可能成为课堂教学管理规律的"镜像"。课堂教学管理模式作为课堂教学管理规律和课堂教学管理实践的"中介"，不具有客观性、全面性和必然性的特点，它只体现人们对课堂教学管理规律的一种认识，而这种认识往往只是从一个角度来反映课堂教学管理规律的某一侧面，而且它还带有鲜明的主观色彩，受制于构建者的见识、经验和课堂教学管理环境。因此，我们要注意学习、借鉴现有的各类课堂教学管理模式，并在此基础上，整合各类课堂教学管理模式，构建适合学校课堂教学特点的课堂教学管理模式。

（5）完善教学管理制度，优化课堂教学管理。在学校教学管理中，制度建设是一件非常重要的工作。建设一套合理的、进步的、科学的，合乎成人高等师范教育教学发展规律的、有生命力的、为广大师生所向往、追求和拥护的教学管理制度，是当前学校的一项不可缺少的任务。因此，学校要认真反思业已推行的各项教学管理制度，对那些经实践检验证明有缺陷的教学管理制度，必须予以改进和完善。但是作为管理者我们要清醒认识到要使管理效益最大化，必须做到既要用制度约束人，又要解除制度对人的约束。

为此，在健全完善具有约束性的教学管理制度的同时，我们也要及时制订出更多强化良性课堂教学行为的激励政策，如课堂教学管理的奖优罚劣制度。对于那些在教学工作上兢兢业业，敢于管理和严于管理，教学效果好的教师，要充分肯定他们的业绩，给予表彰和奖励；对于那些不负责任，课堂教学秩序混乱的教师，要限期予以改正；对那些长期不能改变课堂教学混乱秩序的教师，要给予亮"黄牌"；对那些不能胜任教学工作的教师亮"红牌"，调整其工作甚至让其待岗或下岗。我们相信，如果建立了完善的教学管理制度并能采取行之有效的措施，定能有效克服课堂教学管理水平不高的问题，从而实现优化课堂教学管理的目标。

（6）教师在整个课堂教学进程中要适时改变自己的教学站位和随时做好跑位教师和学生是教学舞台两个缺一不可的重要角色，如何将教与学这出戏演好取决于师生在舞台上的相互位置。据有关研究认为，当前教学舞台上教师教学站位主要有以下三种。

一是以教师为中心的站位。

二是教师压着学生走，教师与学生对立的站位。

三是教师围着学生转，教师被后进生包围的站位。

据观察发现，学校相当多的教师的教学站位主要以教师为中心。显然上面所提及的三种教学站位都是不正确的。"站位"不正确，教师就难以发现来自学生的智慧，难以真正实施创新教育。据此，我们认为教师面对不同学生，在教学的不同阶段的站位应当是动态的。在课堂教学中，教师只要能自始至终尊重和关注学生在课堂中的发展性需要，把怎样才能使学生学好视为课堂教学的奋斗目标，适时调整自己与学生的位置关系，恰当地站在激发、引导、助手、朋友，大喊"加油"的热情观众的位置上，并能熟练地进行跑位，定能充分调动学生的智能，从而产生最佳的课堂教学效果。

（7）强化学生自主课堂教学管理能力的培养，让学生成为课堂教学管理的主人，对于学生课堂教学自主管理能力的培养。在很大程度上是培养学生自主参与课堂教学、自主参与学习的意识和能力。近年来，我院要求所有的教职员工都要树立"相信学生能管理好自己"的教育信念，视学生为课堂教学管理非常重要的人力资源，积极调动学生参与课堂教学管理与自主课堂教学管理的积极性，努力将学生从消极的被管理对象变成积极的管理者，尽量将教师从繁杂的课堂教学管理中解放出来。同时为切实提高学生课堂教学自主管理的意识，与学生签订课堂教学管理合同，开展以杜绝课上"三闲"（"闲话、闲事、闲思"）为核心的课堂教学管理实验。

实践证明，通过合同管理来培养学生学习的责任心，有助于学生学会对自己的课堂教学行为负责，对班集体负责，从而有效抑制课堂教学问题行为的产生，提高课堂教学管理的效益。

（8）确立管理就是服务的课堂教学管理新理念，并付诸实践管理就是服务。课堂教学管理要为满足学生的正当需求服务，为促进学生的发展服务。在课堂教学中，教师的主要任务就是了解学生到底有哪些正当需求和如何创造条件满足学生的正当需求，让学生在教学过程中充满乐趣、感到满意，并获得发展。依据"管理就是服务"的新的教学管理理念，学校要重新审视当前管理者和被管理者所承担的职责和赋予的角色，使被管理者的主要职责从先前被动地接受任务（或为完成任务而必需的资源）转变为主动获取资源、信息，并在不断的知识积累和个性化的创造中实现组织目的和自身价值；要求管理者将主要精力集中于课堂教学管理发展方向和科学的课堂教学管理决策，并为被管理者提供完成学习任务所需要的信息、资源等服务，而不是给他们施加太多的控制和管束。

因此，在课堂教学中，只要将管理的服务定位于对发展较好的学生锦上添花、对发展有障碍的学生雪中送炭、对学生获得学习成功后激励、对学生遇到学习挫折后鼓励、对学生正当需求的全身心的满足和对学生不正当需求的循循善诱等方面上，就能较好地将管理就是服务的理念内化为课堂教学与课堂教学管理的实践。

（9）提高在职教师的教学与管理专业化水平。众所周知，课堂教学效果的好坏取决于教师的素质。因此，要提高课堂教学效率，必须重视提高广大教师的教学与管理专业化水平。德国教育家赫尔巴特说过："如果不坚强而温和地抓住管理的缰绳，任何功课的教学都是不可能的。"

因此，学校要坚持做到：既要一手抓课堂教学研究，又要一手抓课堂教学管理的研究。只有正确处理好课堂教学与课堂教学管理关系，牢固树立教师既是教学活动的实际操作者，又是课堂教学过程中所有教育资源的主要管理者的理念，才能使学校教育工作者在课堂教学过程中有意识地规范课堂教学与课堂教学管理行为，从而保证他们的课堂教学与课堂教学管理的良好行为成为受教育者观摩与学习的典范。

# *9.* 教学的过程管理

教学过程管理包括教学计划管理、教学组织管理，教学质量管理。

### 教学计划管理

教学计划是国家教育主管部门制定的有关教育和教学工作的指导性文件，它体现了国家对学校教学工作的统一要求，是学校组织教育教学活动的重要依据。对教学计划进行管理，就是通过对未来教学工作和活动的设计，控制和指导整个教学过程，从而使教学活动处于最佳状态，并取得最好教学效果。实施教学计划管理，就是在国家规定的教学大纲和课程计划范围内通过校长、教导主任和全体教师的辛勤努力，将各科的教学计划在学校教学活动中具体组织、落实，并不断完善的过程。

对校长而言，要开展教学计划管理，首先要熟悉有关的教学大纲，根据国家统一制定的课程计划，对全校教学工作进行计划指导。其次还要在国家规定的课程计划范围内，结合学校实际情况，制定出更明确具体的学校教学目标体系，把宏观层面的国家教学大纲与微观层面的学校教学计划有机地结合起来。

教导主任是联结校长和教师的桥梁，是学校教学计划管理的具体执行者。他要协助校长管理全校的教学工作，同时又要直接领导各教研组的教学活动。所以他也要熟悉有关的教学大纲，掌握各学科贯彻执行教学大纲和教学计划的具体要求，并对教研组工作加以指导。为组织好教学计划管理工作，一般来说，教导主任应要求各教研组订出每学期、每学年的教学研究计划。教学研究计划应包括教学研究的基本精神、主要项目、基本要求、时间、地点、工作负责人等内容。

教师是教学过程中的主导力量，对教学过程进行计划管理，还应该对教师工作计划的制订与实施进行管理。教师要依据教学大纲和教材内容，了解学生的学习基础，制订课程教学的计划，并在教学内容和教学方法等方面多加钻研。对于学生，教师要指导他们制订一学期或一学年的学习计划，做到有计划、有步骤地提高学生的自学能力，掌握和改进自学方法。此外，预先拟定好考核学生成绩的标准，进行实事求是的评价，也是教师工作计划的重要组成部分。只有考核的结果才能最直接、最有效地显示教学管理的水平。

教学组织管理

实施教学组织管理，可以从三方面着手：抓好教研组建设、科学合理地安排课务及完善教务处的工作。

（1）抓好教研组建设。教研组是各科教师从事教学活动的集体，同时也是学校教学行政的最基层组织。抓好教研组建设，建立良好的教师集体，形成良好的教风，对学校教学工作的成效起着举足轻重的作用。

教研组建设可遵循以下原则进行，一是要按照不同学科建立和健全教研组。一般来说，同一学科教师在三人以上，学校应考虑成立教研组；不足三人者，可将性质相近的学科教师组织起来，成立多科性的教研组。二是要有相应的制度。教研组成立后，就应当制定相应的规章制度，如教研组的定期会议制度、备课制度、相互听课制度、考勤制度等。三是要选好教研组长。教研组长最好上下结合来选定，他应德才兼备，管理能力较强，在业务上也有较高的学科教学能力，并在教师中享有一定威望。

（2）科学合理安排课务。学校安排课务非常有讲究，既要考虑到教师原来的专业背景、学识专长，又要考虑到教师的实际教学能力和业务水平，此外也要适当考虑教师的年龄特点。虽然每个教师的任课相对来说是固定的，如教数学的一般不会轻易改教语文，但也应该考虑适当的轮换制度。如新教师到校任教后，最好先让他有个大循环，从初一年级教到初三甚至高中年级，以使其对中学的整个课程有一个完整的了解，然后再相对固定某一两个年级段的课程教学。

（3）完善教务处工作。学校教导处是学校组织的管理中心，它要负责编班、制表（每周课程表、作息时间表、每周活动表）、征订教材、安排课务等工作，还要管理学生学籍、组织期中或期末考试、评估考试质量等事项，此外还要承担文印、资料统计等教务行政活动。在一些学校里，甚至教师的业务进修也是由教导处负责的。可见，教导处的工作是繁忙而重要的。加强教导处的管理，最主要的是要使教导处的工作形成制度化、规范化。只有通过规范化的管理，才能切实提高学校教学组织管理的效果。

**教学质量管理**

什么是教学质量？什么又是教学质量管理？教学质量可以笼统地讲，即是学生经过一定时间的学习后所达到的水平。而教学质量管理，就是通过有效的管理、协调和控制，促使教学效果达到课程计划、教学大纲和教科书所规定的要求。很显然，学校如果只有教学计划管理、教学组织管理而无教学质量管理，那么教学过程管理将是不完整的，因为检验教学过程管理有效与否的标志之一就是教学质量问题。

（1）加强教学质量管理，首先要对教学质量有一个科学性的认识。教学质量是指学生全面的发展，其中既包括学习成绩方面，也包括品德、身体、审美能力、劳动观念、动手能力、创新能力等方面的发展。加强教学质量管理，就是要全面看待学生的发展质量，并以此为指导思想展开教学质量管理活动。

（2）要从教与学两个方面来认识教学质量问题。教学是教与学的双向活动，是教师教与学生学活动的有机统一，因此教学质量管理应从这两方面入手，而不应单单把眼光注视在教师的教上。从某种意义上说，学生的学习质量比教师的教学质量更为重要。学生有没有自学能力，学生善于不善于提出问题、分析问题，学生有没有养成学习的兴趣，这些都应该列入教学质量的范畴。教学质量管理就应该在这些方面制定出相应的评估标准，并订出具体的管理措施。否则，就会出现光有"教"的质量，而无"学"的质量的局面，即学生考试很出色，因为教师在做大量习题、猜题等方面"教学有方"，但却没有同样出色的思维能力，更谈不上创新能力，形成人们常说的高分低能情况。

（3）教学质量管理要面向全体学生，不能只针对少数拔尖学生。真正出色的教学质量体现在各种层次的学生都能在原来的基础上有所提高，有所发展。只注意那些尖子学生的质量发展情况，置学习接受能力较差的学生不顾，不是真正的全面质量管理。一些学校为了让升学率提高几个百分点，有意不让一些学习成绩较差的学生参加有关的考试，这严重违反了教育法规，剥夺了学生的受教育权力，当然也不符合全面质量管理的要求。

（4）教学质量管理要体现一种全过程的管理。也就是说，在实施教学过程的每一阶段、每一环节，都存在一个质量管理的问题。要从单纯检验教学质量的结果，转向检验教学的全过程，包括教学计划的制订、教师的备课上课、作业批改、学生的辅导、学生的预习、听讲、作业、实习、考试等，每一阶段、每一环节都要提出明确的要求，采取相应的管理措施，从而达到整体教学过程的最优化。

（5）要确立全员教学质量管理的观念。全员教学质量管理是指全体教职员工都参与学校教学质量管理工作，不但主要科目的教师要参与，其他科目的教师也要参与。不但上课的教师要参与，不上课的学校后勤辅助人员也要视情况为学校教学质量管理提供条件。学校则要建立一种全员岗位责任制，通过科学的评估和奖惩手段，调动全体教职员工的积极性。

以上这些方面，只能说是一种对教学质量管理的观念上的认识，真正的实施模式还谈不上，因为迄今为止这方面的研究在国内教育管理学界还几乎是一片空白。我们相信，随着我国教育科研的进一步深入，一种既能保持过去较扎实的质量传统，又能对学生的全面身心发展有极大促进作用的教学质量管理模式一定会设计出来。

# 10．教研组的工作管理

教研组是学校落实教学工作，开展教学研究和提高教师业务水平的重要基地。有了教研组，教学中的重大问题可以共同研究、交流经验、集思广益、互相帮助，对于完成教学任务、提高教学质量、建立良好的教师集体，形成良好的教风等起着积极作用。

在现代学校中，教研组的主要工作任务一般有以下几条：第一，组织教师制订教学工作计划，并对计划进行初步审查；第二，组织教师研究教学大纲、教材和教学方法，开展与教学有关的课题研究，参加各级教研部门开展的教研和培训；第三，组织集体备课，相互听课、评课，举行观摩教学，总结交流教学经验；第四，组织开展学科课外小组活动等。

加强对教研组的建设和管理是教学管理活动的一个方面，学校领导对教研组工作的管理可以从以下几方面着手。

（1）组建教研组。按不同学科建立和健全教研组。一般说来，同一学科教师在三人以上就应成立教研组；不足三人时，可将性质相近的学科教师组织起来，成立多科性的教研组。

（2）选拔和培养教研组长。教研组长的产生有两个途径：一是学校出面委任，一是由教师选举，可根据具体情况灵活掌握。组长应是教学水平较高，组织能力强，思想进步，工作负责，在教师中有一定威望的教师。学校领导要指导、帮助教研组长团结教师，形成良好的集体；要支持教研组长的工作，尊重他们的意见和主张，关心他们本身的学习和提高。

（3）建立相应的教研制度。教研组成立后，就应当制定相应的制度，如教研组的定期会议制度、备课制度、相互听课制度、考勤制度等。要让教师知晓制度，根据制度要求，开展常规教研活动。

（4）指导教研组的教学研究工作。要根据各教研组的特点，确定教学研究工作的重点，给有经验的教师分配一定的研究课题，在有条件的科组、班级进行教学改革的试验。

（5）经常向教研组提出改进教学的意见和建议。学校领导在深入教研组的过程中，要通过听课和参加活动，经常分析研究各学科教学中的主要经验和问题，及时向教研组提出意见和建议。

（6）帮助教研组长总结教研组工作经验，定期组织教研组工作经验交流等。

# 11. 教学组织形式的革新

### 教学组织形式的涵义

教学工作不仅要通过各种教学方法来完成，而且还要通过多种组织形式来进行。教学组织形式就是关于教学活动应怎样组织教学时间和空间、应怎样有效地加以控制和利用的问题。

教学组织形式在教学理论和实践中处于最根本的地位，它带有综合、集结的性质，课程、教学方法、教学任务、教学过程、教学原则等教学的组成部分，最终都要综合、集结到一定的教学组织形式之中，并通过这种或那种教学组织形式实现其教学目标。教学组织形式问题如何解决及解决得正确与否，关系着教学质量的高低。例如，苏联20世纪20年代和我国1958年的一段时间及"文革"的十年动乱时期，由于随意否定了班级授课的教学形式，造成了教学质量的严重下降。然而与此同时，从另一方面看，长期以来我们又把班级授课的教学组织形式过于绝对化、凝固化，结果造成许多令人遗憾的情形，如学生的学习主动性得不到发挥、因材施教的理念难以实施、学生的个性发展和智力培养受到压抑等。由此可见，教学采取什么样的组织形式，对教学效果的影响实在是很大。

任何教学组织形式，总是受到一些条件的制约：如一定社会对人才培养的要求，现时代学校教育内容的广度和深度，科学技术的发展为教学手段的变革所提供的必要性和可能条件等。时代变化了，教学工作的组织形式就会发生相应的变化。

**教学组织形式的演变和发展**

如上所述，教学组织形式并非固定不变的，它随着时代和社会的变化而变化，下面我们将一些主要的教学组织形式做一历史的回顾。

（1）个别教学制。这种形式的教学盛行于资本主义社会以前的学校。由一个教师面对一两个学生授业，后来虽发展为一个教师教一个班组的学生，但在一个班组里学习的儿童，年龄程度和学习的内容、进度各不相同，教师进行的仍是个别教学，只同一个个学生发生联系。当教师在教某一个学生时，其余学生的学习基本处于自流状态。这样的教学，学习效果差，效率不高。我国古代私塾就属于这种形式。这样的教学形式还有一个致命的弱点，即不利于教育的普及和发展。

（2）班级教学制。随着生产的发展和科学技术的进步，个别教学形式已不能满足社会对人才的需求，资本主义的发展使生产的规模和速度远远超过了历史上任何一个时代，因而相应地要求扩大教育规模，增加教育内容，加快教学速度等。近代的班级授课制是随着资本主义生产的发展而逐渐完善起来的，夸美纽斯在 17 世纪概括并建立一套班级授课的教学制度：固定的、相同的开学时间，同年龄的儿童一起学习同样的内容，同时做同样的功课，教师对所教的科目做周密的计划，使学生每年、每月、每日甚至每时都有一定的学习任务。应该说班级授课制在教学组织形式上是一次重大的创新，它扩大了受教育的对象，普及了教育的内容，提高了教学的效率，故逐步被世界各国的学校所普遍采用。

（3）导生制。18世纪英国工业革命后，工业生产需大批具有初级文化的工人。扩大初等教育的客观要求日益迫切，英国的牧师倍尔和教师兰喀斯特在初中教育中倡立了导生制。它是由教师先将年级较高，成绩优秀的学生集中起来进行讲授和训练，然后再让这些学生担任导生去转教其他学生。理论上说，按此制度一个教师可通过导生教几百个学生，迅速扩大初等教育的受教育面，但实际上，由于导生所能接受的知识极其有限，而他们所能转授给其他学生的学习内容就更为贫乏，因此这一制度存在不久就消失了。

（4）"新教育运动"中出现的教学组织形式。19世纪末20世纪初，为了适应资产阶级自由竞争的需要，西方一些国家的教育家曾对学校教育制度进行了大胆的改革，这一段改革历史后来被人称为"新教育运动"。在新教育运动中，教育家针对班级授课制只能强求各个儿童齐步前进，不能适应个别差异的弊病，提出了一些新的教学组织形式，这其中影响较大的有设计教学法、道尔顿制和文纳特卡制。

设计教学法是美国教育家克伯屈根据杜威的实用主义教育思想创立的一种教学制度。他主张由学生根据自己的兴趣决定学习目的和内容，摒弃教科书，废除班级授课制，打破学科界限，让学生在每一单元活动中通过自行设计、自己执行，学习实际的知识和技能。设计教学的一般程序为以下几个方面。

①决定目的（包括引起动机）。

②制订计划。

③实行计划。

④评价或验证。

他认为，教师的任务在于激发学生的学习动机，帮助学生选择在设计活动时所需要的材料。道尔顿制是美国教育家帕克赫斯特于1920年在马萨诸塞州道尔顿市道尔顿中学创行的一种教学制度，又叫"道尔顿实验室教学制"。之所以用"实验室制"的名称，是因为提出者认为学校应该是"社会学上的实验室"，学生是其中的实验者。强调从适应儿童的个性出发，主张取消按班级进行课堂讲授而改教室为各科作业室，由学生按自己的兴趣自由支配时间在各科作业室自学，教师只起顾问作用。

文纳特卡制是美国教育家华虚朋于1919年在伊利诺伊州文纳特卡镇公立学校创行的一种教学制度。其特点是提倡教学个别化，"学校社会化"，以发展儿童的个性和社会意识。华虚朋为文纳特卡制设定了四个目标。

①给儿童以优美快乐的生活。

②充分发展儿童的个性。

③个体的社会化。

④养成儿童普通的知识和技能。

根据这四个目标，把课程分为两部分：第一是儿童将来生活必需的知识技能，如阅读、写作、计算等。第二是创造的与社会的活动——使儿童个人的能力和社交意识得到发展。如音乐、美术、文学欣赏等。这种形式也是在"儿童本位"和以学生学习为中心的自我辅导主义的影响下提出和形成的，"其课程在于发展每个儿童的个性，培养每个儿童独立创造的精神。所谓教师，只不过是暗示观念、指示方法、施行测验以鉴定儿童有无进步的一位指导员而已。"

以上几种学制都是针对传统的班级授课制的弊病提出来的，由于它们强调以学生的生活经验为基础，因而能引起学生学习的兴趣和激发学生的学习动机，使学生在独立发现问题、解决问题的过程中扩大知识范围，锻炼实际工作的能力。但是另一方面，这些形式都未能解决学科教学的系统性、逻辑性问题，使教育的作用降低，教师的主导作用服从于学生的自然兴趣，或是让位于机械的作业指定，结果对学生掌握系统知识带来了负面影响。

教学组织形式的变化说明：各种教学组织形式的出现都有它的历史背景，其中不少教学形式虽包含了合理的因素，但也存在不少缺陷。实际上，很难有十全十美的教学组织形式。不管怎样，从对现代教育影响最大、流传最广的教学组织形式来看，还应属班级授课制，我国现阶段的学校教育也基本以班级授课制为教学的组织形式。

### 教学组织形式的革新

班级授课制是把学生按年龄、程度编成有固定人数的教学班，由教师根据教学计划中统一规定的课程内容和教学时数，按照学校的课程表进行分科教学的一种组织形式。它具有以下特点：第一，有利于扩大教育规模，大面积地培养人才；第二，有利于发挥教师的主导作用；第三，有利于发挥集体的教育作用。但班级授课制也有明显的弊端，例如，它无法兼顾到同一课堂里实际存在的个体差异，只强调全班学生要在同一时间内按同一教学进度去学习同样的内容，因而不利于发展学生的个性和独创性。学生的独立思考、探索问题的能力由于这种组织形式而受到制约。

当前，面对教学组织形式的改革，许多人都意识到，单纯地以教师讲为中心，学生被动接受的课堂讲授，或是以儿童为中心，按儿童的兴趣爱好设计活动以获取知识，这两种形式都不能使教学达到令人满意的效果，因而有些人在思考，能不能将二者结合起来。福建省某中学教研室通过深入教学实践、艰苦探索，创立了具有地方特色的"大、小、个"（"大班导学、小组议学、个别辅学"）课堂教学形式，取得了较大的成功。"大班导学"，即教师面向班内全体学生的教和导，教学着力点是导,其功能是导,即激励、启发和导向,创设自主学习、探索的条件和环境,抓住重点,指导方法,教会学习,促使学生成为学习的主人。"小组议学",是指在课堂教学中,开展学生之间有组织、有指导的小组互学、互研、互助活动。学生在互帮互学中,各展所能,共同解决问题,共享成功喜悦。"个别辅学",即学生在独立练习与思考过程中,教师走下讲台,深入学生或小组中去,因人制宜、因题制宜地给予个别询问强化、辅导解析。此种教学组织形式兼顾到了学生个体的差异,满足了他们不同的层次的需求对知识接受的不同要求,因此教学成果十分显著。

随着信息时代的到来,另一种教学组织形式正在悄悄出现,并越来越受到人们的关注,这就是"远程教学"。远程教学其实有很多形式,有电视大学的形式,也有电脑网络教育形式。远程教学的特点是教师不在学生跟前,学生也不必非在教室内上课,在自己家中依然可以进行。由于远程教学不受地理、校舍及师资条件的限制,因此受到人们的普遍欢迎。可以预料,随着信息科技的进一步发展,远程教学形式将会显示出越来越大的生命力。很有可能有一天,远程教学特别是其中的网络教育形式,会对现在的班级授课制提出挑战,并最终取代班级授课制形式。

### "小班化教学"的出现

"小班"是教学组织的一种空间形式,通常指的是一个班级学生数在 30 人以下。由于班级规模的缩小即意味着教学成本的提高,因此"小班"是与一定的社会经济发展水平联系在一起的。19 世纪后半期,工业发展对劳动力素质高要求导致对教育普及的需要不断强烈。各国公共教育制度开始兴起,学生入学人数急剧增加,学校规模迅速膨胀,例如,早期美国一些城市小学,班级人数都在 60 人以上,到 20 世纪 50 年代,班级人数仍在四五十人左右。到了 20 世纪 60 年代,随着经济的发展，人们卫生条件的改善和提高，人口的自然出生率开始下降，这在一定程度造成学校入学人数的逐年减少，再加上对教育投入的增加，所以这些都为班级规模的缩小奠定了物质基础。当班级人数减少到一定程度，如在 20 ~ 25 人之后，我们就把这种较小的班级人数及与之相适应的教学活动方式称之为"小班化教学"。实行小班化教学以后，教学活动及其效果也会随之发生变化，这表现在以下几个方面。

（1）教学活动在时间与空间上得到重组。

（2）教师和学生的活动密度大大增加，师生关系更为融洽和睦。

（3）教学手段的创新有了可能。

（4）因材施教的实施有了条件。

这几点表现无论从哪一方面来说对教学效果的提高都是有益的。当然，由于小班化带来了教学成本的提高，故在发达国家较为普遍，而在发展中国家则推行得较为缓慢。

### 小班化教学在我国的发展

在我国，小班化教学的出现与推进还是近年来的事。20 世纪 90 年代中期以后，在我国的一些大城市（如上海），人口出现了负增长。特别是在一些大城市的中心城区，小学的入学人数大大减少。这种生源减少而教师队伍规模保持不变的情况，为小学实施小班化教学提供了有利条件。于是，小班化教学首先在上海出现了。

上海的小学实施"小班化教育"，是为了适应全面实施素质教育，建设一流基础教育的需要。从 1996 年以黄浦区北京东路小学为先行试点学校到 1997 年秋，试点学校进一步扩大，实验组已积累了较多的经验。现行的实验内容包括：教室配备做到一个班级 2 个教室或两个班级 3 个教室，除上课用教室外，另一间教室作活动教室用。教室内设有科技角、生活角、玩具角、展示角等，有的还有录音机、幻灯机等电化设施。课桌椅排列形式有改变：由单一的"秧田型"变为"马蹄型""口子型""小组型"等形式，促使学生之间、师生之间心理与空间距离减小；试点班教师实行包班制，即每班 $2\sim5$ 名教师，改变每位教师只教一门课的常规，而是兼任几门学科，安排具体的工作，如生活与劳动、体育锻炼、班队活动及社会实践等综合教学。

与四五十人的大班教学相比，小班教学的好处显而易见。

（1）学生数量少，有利于教师真正实行"因材施教"。

（2）学生由于可获得教师的更多关心和辅导，学习成绩有一定提高。

（3）教师由于在课堂上很容易与所有同学交流，学生的语言表达机会与活动机会大大增加，思维更趋活跃。

（4）同学之间有了更多的交流机会，有助于培养学生的人际交往能力。

"小班化教育"的推行，教师对此大为欢迎，社会舆论对此也好评如潮。素质教育要求我们面向所有的学生，要让每个学生享受充分的受教育机会，发挥他们各自的特点，从而得到生动活泼的发展，而我们也的确能从"小班化教育"中体会到这些内容。

"小班化教育"作为一种新的教学组织形式，在我国的发展已初见成效，人们在赞成和鼓励对其继续深入研究和推广的同时也应看到实验中的困难。

第一，资金的投入。小班教学是一项昂贵的教育投资。班级大小的变化会极大影响学校总开支的多少。开设小班，就意味着要占用更多的教师，使用更多的教室。美国的一项调查发现，如果全国的学校平均每班减少 10 名学生，单支付教师的费用就要增加 85 亿美元。

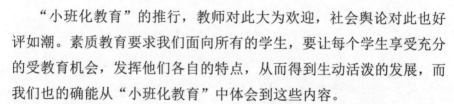

第二，教师难以适应。教师一人包班，观念要更新，教学要探索，要求高，任务重。长期以来，教师还是习惯于一支粉笔一本书的大班模式，目前在"小班化教育"中虽做了一些研究和探索，但常常还会回到大班模式。

因此，在推行小班教学的同时要有配套的教学方法改革，否则小班教学是达不到提高教学质量的目的的。随着实验不断深入，可能有更多的困难会出现，为此，我们必须及时地加以总结，以有力地促进我国素质教育的改革。

第二章

课堂教学管理

# 1. 课堂教学管理的基本类型

课堂教学管理艺术，即教师在课堂教学过程中用以有效地维持学生适宜行为，保持良好课堂教学秩序的技能技巧。它要求教师对学生的课堂行为作出及时准确的判断，并采取快捷有效的处置方式，且采取的处置方式既不给学生以太大的压力，又不妨碍课堂教学的正常进行。课堂教学管理的基本类型有如下几种。

## 放任型

这种管理类型的教师意识淡薄，工作责任心较差。他们在课堂上表现为只顾讲课，不顾效果，放任自由。对于学生在学习过程中出现的问题漠不关心，也没有积极的课堂管理要求。学生表面上乐得自在，实际上求知需要得不到满足，往往产生对教师的不尊重。在放任型管理的课堂上，学生的学习动机与学习热情低，教学效果很差。

## 独断型

这种管理类型的教师对学生的课堂表现要求严厉，但这种要求往往只根据教师个人的主观好恶确定，忽视学生的具体实际和教学目标的具体要求。在独断型管理的课堂上，学生的意见得不到充分发表，且学生往往有一种紧张感、压抑感，容易导致课堂管理的形式主义倾向，教学效果一般。

## 民主型

这种管理类型的教师在课堂管理活动中积极、认真、宽严适度，善于通过恰当的启发与指导，保证课堂教学的有效进行，课堂管理的各种具体措施都考虑到班级的具体情况，学生对这样的教师既亲又敬。在课堂教学上，师生的互动，有效交流得以实现，有利于激发学生学习的主动性。

### 情感型

教师对学生充满爱的情感可达到不管而管的效应。他（她）们走进课堂时，目光中就闪烁着从内心流溢出的对学生的喜爱，教学时语言和表情亲切，善于发现学生的优点和进步，常常从内心发出对学生的赞扬，学生的学习积极性不断提高。也许在离下课不久，有个别学生不知不觉地搞起小动作，老师也只是微微地"嗯"了一声。当这位学生注意到老师后，老师还是带着那种甜蜜的微笑，向那位学生眯眯眼睛，这时学生红着脸又专心上课了，直至下课。如果从教学的各种技术方面去分析，也许并没有什么独特之处，然而，谁都会深深感到这节课还是存在着一种显著的特征，就是师生之间自始至终洋溢着那种温暖、亲切、喜爱，融洽的感情。从这样的课堂教学中，人们都会想到：学生那么爱他们的老师，谁还会在课堂教学上有意去违犯纪律呢？教师对学生、学生对教师都具有深厚的感情，不仅促进了课堂管理，而且对教育教学具有强烈的推动力，能够激发学生的学习兴趣，并有利于培养学生的思想品质、道德情操。

### 理智型

运用这一管理方式的教师在教学中的活动非常明确具体，对每一教学过程都安排得科学，严谨，有条不紊，并能采用相宜的教学方法，在什么时候讲述，什么时候板书，什么时候该让学生自己思考，什么时候练习等都安排得非常妥帖，一环紧扣一环。同时，善于根据学生在学习过程中的各种反馈（表情、态度、问答、练习），调整教学内容的难易程度，并掌握教学进程。总之，这种管理体现教师在教学活动中高超的技能技巧及教学活动的科学性。学生认真专注，紧跟教师的思路进行学习并敬佩自己的老师，课堂气氛显得较为庄重，严肃。

### 兴趣型

这是指教师运用高超的艺术化教学激发学生高涨的学习兴趣，并达到陶冶学生情操的一种课堂管理方式。高超的艺术化教学表现在教师用形象的语言、从容的教态、精美的板书和多变的教学节奏，根据学生的兴趣爱好把教学内容鲜明、生动、有趣地表述出来，并能从审美角度对教学进行处理，使之具有美感，学生能在课中得到美的和娱乐性的享受。当教师开始上课时，往往采用新颖、别致而富有吸引力的"导语""故事""例子"等来开展教学，从一开始就让学生觉得有趣，从而吸引学生的注意力。在其后的教学过程中，不仅表现在教学方法的灵活多变，而且表现在教学语言富有启发性和有趣性上及节奏感上，完全把学生吸引住，达到课堂管理的目的。

# 2. 课堂教学管理的功能

### 组织功能

这是课堂管理最基本的功能。课堂教学要有效进行，教师必须对教学设备、教材、学生及教学活动进行有效的组织，这样，学生才能由分散的个体变成有效的学习集体，教材、教学设备才能充分发挥作用，教学活动才能系统、有序地进行。

### 促进功能

这一功能是指良好的课堂管理可以最大限度地满足课堂中学生个体和集体的合理需要，形成积极、和谐的课堂学习环境，激励学生的参与精神，激发学生潜能的释放，从而促进教学活动的顺利进行和教学效率的提高。

### 协调功能

协调功能是由课堂管理对象的特点决定的。课堂是由人、物、信息、时间等要素组成的复杂系统，就其中的主要因素来说，几十、上百个学生在一起活动，没有行动上的协调一致，教学就无法进行。要发挥课堂系统的整体功能，取得良好的教学效果，必须充分发挥课堂管理的协调功能。

### 维持功能

维持功能是指教师通过一定的管理手段，较持久地维持课堂教学的基本秩序以形成比较稳定的教学环境，保证教学活动的顺利进行。

# 3．课堂教学管理标准方法

### 直接指令法

教师通过明确的管理指令信息，实现对课堂教学主动控制的方法。像课堂教学中教师常用的"请注意黑板""请注意这句话""不要随便讲话"等，就属于这种方法。

使用这种方法，一是要适时；二是不宜过多地使用"不要"之类的否定性指令；三是要努力做到令行禁止。

### 间接暗示法

教师通过运用比较隐蔽的表达方式，传达课堂管理意图，让学生在某种暗示情景中，自觉遵守课堂管理要求的方法。

这种方法既有利于保护学生的自尊需要，又能体现对学生的严格要求。像"现在同学们都在认真看书，有的同学还动笔圈点，已经进入学习的良好状态"之类的暗示语，会使本来认真看书的学生更加认真，使一些不怎么认真的学生自动端正态度。

运用这种方法，要求教师必须洞察课堂情景，特别是了解学生的心理特点，力求准确而巧妙，淡化管理"痕迹"。

### 恰当评价法

教师依据课堂管理的现状，及时做出恰当的或肯定或否定的评价，以此激发学生内在进取热情的方法。

评价的对象可以是学生的注意程度、遵守纪律的状况，也可以是学生作业的优劣情况。

评价的目的是引导学生在课堂上发扬优点，克服不足。进行评价，无论是对全班学生还是对小组、个别学生，都要力求具体（评价的是具体行为、具体表现）、实事求是，客观公正；要慎用否定性评价，尤其是对后进生，以免挫伤其自尊心，形成学生之间或师生之间的隔阂。

**体语控制法**

教师通过运用动作、表情、姿态等体态语言，传达课堂管理信息，调控课堂秩序或气氛的方法。像收住话题、注视学生、微笑、蹙眉、适当地走近分神的学生、高低快慢的表达节奏、抑扬顿挫的声调、用饱满而严肃的态度影响学生情绪等，都是常用的体语控制方法。主要方法包括以下几个方面。

（1）短暂沉默法

在学生听课不专心、思想开小差或者说话、做小动作时运用。教师讲课时，发现有上述情况，突然收住话题，沉默片刻，这时刺激强度发生了变化，学生会不自觉地把目光转移到教师身上。此时教师再以目光予以注视，学生就会马上有所意识，重新将注意力集中在课堂教学上。

（2）目光注视法

当教师捕捉出有不当行为学生的目光时，即刻以一种表示不满的、强烈的、连续的目光接触该生的目光，并辅之以皱眉、扬眉以示提醒，使之意识到教师已经觉察到他的不当行为。运用该法，既能不使学生有过大的窘迫感，又能保持教学的正常进行。

（3）身体逼近法

该方法是指教师通过逐渐向有不当行为的学生走近，促使学生有所意识并及时改正的方法。事实上，只要教师表露出向有不当行为的学生走近时，就会使该生迅速改正不当行为。

（4）变换音量法

指教师运用音量技巧和声调的变化、语音的高低、强弱及速度和停顿来控制，保持学生注意力的方法。此法适用于个别学生精力分散、注意力旁移的现象。

### 有意忽视法

该法适用于不当行为（甚至为破坏性行为）中暗藏着赢得他人注意愿望的学生。对于有该种不当行为的学生，若教师采取言语反应，可能正好迎合其正在寻求的目的，而采用此法是向其表明，教师对他的不当行为完全可以保持泰然自若，无须用言语方式回敬他，使其自讨没趣后改变这种行为。

### 提问法

提问法，即采用临时让不注意听讲的学生回答教师提出的问题来提醒学生自觉纠正不当行为，专心学习。

### 悬挂法

课堂教学时，学生可能提出一些教师意想不到的问题使教师一时回答不了；或者回答了，但缺乏仔细思考，语言表达不得当，学生接受有困难，进而影响教学进程。遇到这种情况，为了不影响教学进程，可把问题暂时悬置起来，让学生课后去寻找答案。目的是使学生继续学习，防止他们因此分散注意力。

运用这种方法，课后要查找有关资料，尽快给学生以正确的答复。

### 刹车法

课堂教学中，看学生对某个问题十分感兴趣，纷纷举手要求发言，这时让他们一一回答下去，会影响教学进程。对此，教师要当机立断，及时刹车，以防止课堂教学前松后紧或完不成任务。刹车时，要注意保护学生的积极性。

### 培养助手法

教师通过发挥学生干部的作用，培养学生自我管理能力，维护课堂秩序的方法。这样做，学生既是管理对象又是管理者，有利于充分发挥学生的积极性。像让学习骨干、小组长组织小组讨论，检查小组作业等，就属于这种方法。这种方法在复式教学中运用得较多。

# 4. 影响课堂教学管理的因素

影响课堂教学管理的因素是多方面的，有的来自学生方面，有的来自教师方面，有的来自课堂学习环境及其他方面。

### 学生方面

（1）学生的上课风气

在一个学习和纪律状况较差的班级，教师进行课堂教学会感到吃力；而在一个学习和纪律状况较好的班级，教师会感到轻松愉快。班级的学习风气是教师、班集体（包括班主任）长期努力奋斗的结果。教师应配合班主任，采取有效的方式，形成良好的课堂群体规范和风气，并利用这种风气规范全班的课堂活动。

### 学生的学习兴趣和求知欲

学习兴趣和求知欲是影响学生注意力、自制力，学习积极性的内在因素。因此，课堂教学中激发学生的学习兴趣和求知欲是课堂教学管理的积极手段。

（2）学生的疲劳程度

注意力需要强有力的自我控制。课堂教学中学生长时间致力于思考，以及紧张的气氛，容易引起疲劳，影响学生注意力的集中。注意力不稳定的原因与脑神经细胞的疲劳有关。学生疲劳时注意力不易集中，思想开小差，容易做小动作。因此，课堂管理应考虑学生的疲劳程度，并通过降低教学难度，穿插有益的活动等方式予以调节。

（3）学生的自制力

学生的自制力主要是通过使学生自觉排除干扰，克服困难，用坚强的意志集中和坚持注意，对课堂教学的推进产生影响。

**教师方面**

（1）教师的教学威信

赞可夫说："如果没有威信，那就是说，师生之间没有正确的相互关系，就缺少了有成效的进行教学和教育工作的必要条件。"有威信的老师，可以用轻轻的一句话、一个眼神使乱哄哄的课堂迅速安静下来；而威信不高的教师则很难有效地控制课堂教学秩序。因此，教师要努力提高学识、能力水平和品行修养，以此树立威信，增强课堂教学管理的威信、影响力。

（2）教师的语言、声调、动作、表情

语言是组织教学的重要手段，对集中学生的注意力起直接作用。因此，教师要锤炼教学语言，说话要清晰、准确、有力、鲜明、生动、形象，富有启发性和感染力；同时还要善于运用声调的变化（包括语音的高低、强弱、速度、节奏、停顿等）、动作和表情来组织教学。

（3）教师注意的分配情况

课堂上学生有一个共同的心理，即希望自己得到教师的注意。教师的注意意味着发现了他们的光彩，意味着对他们的了解、重视、鼓励、关怀和喜爱。注意有时比表扬更能触及学生的心灵和情感。对一个学生长期忽视，不予注意，就等于抹煞他的优点，以至否定他的存在。对性格活泼而又敏感的学生来说，尤其难以忍受。有时有些学生就不甘寂寞，因此而生出一个奇特的事故，通过捣乱把自己变成注意的中心。

（4）教师的教育机智

教育机智是教师根据课堂教学管理的原则，运用自己的智慧，敏捷而恰当地处理课堂教学中偶发事件的方法和能力。教师对课堂教学偶发事件的处理情况，既关系课堂秩序，又影响教师的教学威信，对教师以后课堂教学管理的效力产生连带影响。所以，教师的教育机智是影响课堂教学管理十分重要的因素。教师若缺乏机智，就会在千变万化的课堂中束手无策，甚至由于自己的简单化处理而事与愿违。

**课堂的学习环境**

安静优雅的教室环境有利于学生的学习，有利于教师的课堂教学管理。另外，教室的色彩，直观教具的运用情况，教师的装束、言谈、举止、座位排列情况等，也是教室环境的一部分，对课堂管理有一定的影响力。有关研究表明，在自由选择的情况下，选择"前排、中间"座位区域的学生有以下特点。

（1）对学习持积极的态度，并能努力学习，争取更好的成绩。

（2）对教师有着较理想的口头、视线接触机会，能积极地进行课堂参与，因而成绩要高于"后排、两边"学生的成绩。

（3）喜欢上课、学习兴趣浓厚，对教师友好。

而坐在"后排、两边"的学生具有与上述学生相反的特点，即

（1）往往对学习持消极的态度，对学习缺乏信心。

（2）与教师的口头、视线接触机会少，课堂上表现不活跃。

（3）对学习兴趣不大。

对此，教师应采取如下的管理对策。

对"后排及两边"的学生，要多鼓励他们的自信心，让他们多参与集体活动，以消除自卑感，增强学习的信心。

定期调换座位，以免部分学生总是在不利于参与课堂活动的座位

上听课，形成惰性心理定势；课堂提问，巡视辅导，要以"后排和两边"座位上的学生为主要对象，以提高这部分学生的课堂参与机会。

**其他方面**

（1）课堂的管理跨度

课堂管理的跨度即班级的学生规模。一般而言，班级规模越大，教师管理上的难度越大。

（2）课堂教学常规

必要的课堂教学常规，既是组织教学的基础，也是学生遵守教学秩序的行为依据。如开始上课，教师走进教室，学生起立致敬，教师要还礼；学生不准擅自离位，更不准说笑打逗等。这些常规能促使学生养成自觉遵守纪律的良好习惯，并为创造严肃、活泼、和谐的课堂气氛和学习情境奠定基础。

（3）师生关系

良好的师生关系，有助于课堂管理的顺利进行；隔膜乃至对立的师生情绪会成为课堂教学管理的严重障碍。如果在学生的心灵深处建立起师生关系的肯定情感，他就会把自觉遵守课堂管理的各种规范，同时看成是维护师生间友好情感的需要。

# 5. 课堂教学偶发事件的处理

**课堂教学偶发事件的处理原则**

课堂教学中的偶发事件是指课堂中突发的教师意料之外的事情。这类事件不同于一般的问题行为，常常严重扰乱课堂秩序，危害较大。因此，在处理过程中，我们要遵循一定的原则。

（1）积极主动，严肃认真

偶发事件的发生大多带来消极后果，因此教师对任何大大小小的偶发事件都不容忽视或草率处理，妄下结论，消极应付，推卸责任，甚至不闻不问。教师应有高度的教育责任感，以对教育事业的忠诚和对学生热爱负责的精神，一丝不苟地对待每一件事、每一个学生，不放过任何一个微小的稍纵即逝的苗头和线索，以满腔热情来履行自己的职责和义务。消极等待，任事件自然发展，只能贻误教育的良机，甚至会导致恶性事故的发生。

（2）沉着，冷静，善于控制

面对课堂上的偶发事件，教师要沉着冷静，判断要正确，善于控制情绪，行动要谨慎，果断，切忌急躁，冲动，感情用事。要理解、尊重、爱护学生，事情发生后不能大动肝火，丧失理智感或疯狂地谩骂，殴打学生，严重损害学生的人格和自尊心，失去作为教师的道德，失去师生之间的友情。

（3）宽严适度，掌握分寸

任何措施和手段都应该宽严适度，有适当的分寸。因为任何方法措施都只适用于一定的范围，都有一个"度"，达不到这个"度"或超过了这个"度"，不但不会产生积极作用，还可能产生消极的影响：教师在处理偶发事件时，在情感的流露、措施的宽严、批评语言的用词方面都要精心把握，尤其要把握好对学生惩罚的度，过"严""小题大做"，惩罚的结果让学生难以接受，还可能会产生逆反心理。惩罚过轻，对学生不能有所触动，又起不到警示作用。因此，要对学生问题的性质、程度、是否重犯等做出区分，对故意惹事，影响极坏，又重复犯错者，应予以重罚；对无意行为，程度轻者，可轻罚。宽严失当，失去分寸，必然造成教学秩序混乱。

（4）满怀爱心，教书育人

爱心是教育的基础，是教师要求转化为学生行为的催化剂，是教育取得成功的奥妙所在。偶发事件的处理也要求教师以爱心为行动准则，达到教书育人的目的。

处理偶发事件时要注意：第一，针对问题，不做人身攻击，也就是只对事，不对人，处罚坏行为本身不得造成人格伤害。第二，不因处理纪律问题而影响教学。必须很快平息事件，使正常工作不受影响。第三，只解决问题，不追究过失。应通过爱心培养爱心，不以责难、不当惩罚来追究过失。第四，为学生保留面子。顾及学生的自尊心，易收到正面教育的效果。

**课堂教学偶发事件的处理技巧**

（1）趁热加工法

"趁热加工法"是指在课堂教学中，当偶发事件发生时，教师应抓住时机，马上给予处理，趁热打铁，以取得最佳教育效果。

一位语文教师刚刚跨进教室，发现学生都望着天花板，原来一条凳子上的坐垫挂在天花板露在外面的电灯线上。他正想发火，却转而镇静下来，灵机一动，改变原来的教学计划，在黑板上写了《由坐垫飞到屋顶上谈起……》，让学生写一篇命题作文，收到了良好的效果。学生通过亲身的感受，写出的作文真实生动。那位挂坐垫的同学，在作文中也承认了错误……

"趁热加工法"，往往能使偶发事件及时得到解决，并给学生以强烈的思想震撼和深刻印象，对日后偶发事件的产生起了震慑作用。但是，这一方法往往会占用一部分教学时间，甚至被迫变更原有的教学计划，影响教学任务的完成。

（2）暂时悬挂法

就是对教室里发生的偶发事件，采取淡化的态度，暂时"搁置"起来，或是稍作处理，留待以后再从容处理的方法。这种方法多用在学生与学生之间、学生与教师之间发生了争执对立或是课堂教学中个别学生发生了较严重的违纪事件。因为发生偶发事件后，学生多半头脑发热，情绪不稳，很难心平气和地接受教育，甚至会产生更严重的逆反情绪，使局面难以收拾。而教师则容易心理失衡，缺乏充分的心理准备和冷静的分析，如果贸然进行"热处理"，难免发生失误或难以取得最佳的教育效果。

案例：一位教师上课时，刚走进教室就看见同座位的小王和小张同学打架，你推我拉，互不相让。这位教师没有慌张，也没有大声训斥学生，而是微笑着说："怎么啦？你们俩都已经是大学生了，有了小矛盾还不会处理？双方冷静一下，相信你们能够自己解决明白的。好，我们开始上课。"随着老师的话语，同学们松了一口气，小王和小张也松开了手，不好意思地低下了头。一场"龙虎争斗"平息了下来，既避免了事态的激化，又没有浪费宝贵的教学时间，更重要的是让学生学会自己解决纠纷。

（3）巧用幽默法

在教学过程中，总有爱钻"牛角尖"的学生提出这样或那样让教师难以回答的问题。如果教师为了继续教学过程，简单强制性地对其进行压制，那样只会促使学生产生逆反心理，激化矛盾。同时，还会降低教师在学生心目中的威信。这时，巧用幽默来处理偶发事件，发挥幽默的独特魅力，不仅可以让教师从容地摆脱尴尬，而且会给学生留下难以磨灭的印象。

案例：一位物理教师在习题课上讲了这样一道题：两物体叠放在水平面上，A 重 3N，B 重 5N，求 B 对地面的压力。因为 A 压在 B 上，对 B 产生一个压力，因此 B 对地面的压力 $F=3N+5N=8N$，教师经过详细地图示讲解，大部分同学都掌握了，正要进行下一道题时，突然一个同学站起来说："老师，我不明白你这种做法，我认为 B 对地面的压力等于 B 的重力，就是 5N。"课堂上气氛顿时紧张起来，学生要推翻老师的观点。这位教师没有焦急，笑着说："同学们，我们先讲个故事好不好。"同学们齐声说："好。"教师讲："从前，有个老农骑着一头驴到集市上去买粮食。到集市上买了一袋粮食后，老农心想：我骑着驴，小毛驴就够累了，再把粮放在驴背上，别把驴累坏了，干脆，我自己辛苦点，扛着粮食再骑着驴回家算了。"故事逗得全班哄堂大笑，等同学们笑完了，教师问："老农的这个办法使小毛驴受到的压力减少了吗？"同学们连声说："没有。""那么刚才那个问题同学们都明白了吗？"教师又问。学生恍然大悟，那个提问的同学心悦诚服地坐下了。如果刚才这位教师重复讲一遍，那个学生绝不会心悦诚服，这就会使教学活动以失败而告终。

（4）因势利导法

所谓"势"，是指事情发展所表现出来的趋向。处理偶发事件时，要注意发现和挖掘事件本身所表现出来的积极意义，然后顺势把学生引向正路，或逆势把学生拉向正轨。

某教师正在上课，课将结束时，一位不速之客——蝉，突然从一个学生的抽屉里飞了出来，鸣叫着在教室里盘旋。几十双眼睛一下子为之吸引，一时注意力难以收回。这位教师干脆不慌不忙地笑着说："看来同学们对这堂课的内容掌握得很好，连蝉都帮你们宣告'知了''知了'。既然这样，下面谁能把这堂课的主要内容概括地总结一下？"同学们在心领神会的笑声中重新把注意力转移到课堂上来，直到下课。

（5）爱心感化法

偶发事件经常发生在一些差生身上，他们自尊心强，同时自卑心理也较重，他们十分渴望得到教师的信任和尊重，即使有了差错，也希望得到原谅。作为教师，应坚信每个学生都是可以教育好的。在处理偶发事件时，注意把严肃、善意的批评与信任、鼓励结合起来，把"尽量多地要求"与"尽可能多地尊重"结合起来，切不可感情用事，用训斥加批评甚至体罚或变相体罚等方法简单粗暴地处理，以免激起师生之间的矛盾，造成师生之间对立情绪的扩大。

一位教师上课时，有一个学生在他背后模仿他的动作，引起同学们的哄笑。老师装作不知。等课快结束时，老师讲：写字要模仿，画画要模仿，写文章要模仿，模仿是学习的第一步。第一步做得好的话，第二步的创造就有希望，也有基础。我想刚才这位同学模仿我的动作一定很像，否则引不起同学们的大笑，看来他将来说不定能成为一个表演艺术家。以后有机会的话，我们会请他为我们表演一下他的模仿才能，让我也欣赏欣赏。

（6）自嘲解围法

偶发事件有时来自教师的失态，面对这一情况，怎么办？运用自嘲解围的办法，既可以避免窘迫，又可以激活课堂气氛。

案例：一位数学教师走上讲台，同学们忽然大笑起来，他莫名其妙，后来坐在前面的一位女生小声对他说："老师，你的扣子扣错了。"这时，老师自己一打量，发现第四颗扣子扣在第五个眼里，然而这位教师却煞有介事地说："老师想心事了，匆匆忙忙赶来，不过，这也没有什么好笑的，昨天我们有的同学做练习，运用算术公式就是这样张冠李戴，应该改过来。一边说一边把扣子改过来扣好。这位教师颇具匠心之处在于用轻松幽默的自嘲方式为自己解围，既纠正了自己教态的失相，避免了窘迫，又批评了学生不认真做作业毛病，同时还激活了课堂气氛，这样的教学机智实在让人叹服。

# 6. 课堂素质教育工作规范

**面向全体**

（1）面向全体，是素质教育本质属性之一——全员性的体现，是素质教育和应试教育的本质区别，是国家教育方针的一贯要求。但是，在社会经济条件的制约下，在目的是层层选拔因而也是层层淘汰的应试教育的影响下，面向全体的这一要求，长期以来没能得到真正落实。

（2）面向全体，就是承认素质教育的全员性。素质教育的全员性是指不但要保证中学学生受教育的权利，而且还要保证他们得到均等的受教育的机会，尊重人的发展权利，努力开发每个人的发展潜能，使每个人都能发展，成功。

（3）各科的课堂教学，都应堂堂、环环坚持面向全体，让每一个学生都能参加学习，参加训练，构建并实施素质教育的课堂教学模式。"三四五"教学模式就能保证面向全体，即三种教学形式，四个训练方式，五动学生感官。

三种教学形式是：面对全班的讲授；同学之间的相互交流，相互启发；学生个体的独立思考和动笔练习。学生的知识和能力，特别是各种能力，不是老师讲出来的，更不是老师问出来的，而是学生在老师的指导下自己练出来的。所以，教师要精讲，要把讲、问压缩到最低限度，腾出时间让学生多读、多想、多说、多写，同学问多讨论、多交流。

四个训练方式是：轻声自读，自说；同桌互读，互说；小组轮读，轮说；全班选读，选说。运用这些训练方式，既体现学生个体的独立思考和自说自练，又体现学生之间的相互交流、相互启发。一定要控制"全班选读，选说"这种训练方式的运用，因为一个一个地读，一个一个地说，不是教学，是表演；训的是少数，是少数表演，多数陪读，不是面向全体。

五动学生感官是：让学生动眼看，动耳听，动脑想，动口读、说，动手写、做，调动多种感官参与学习活动。

**全面提高**

全面提高，是素质教育本质属性之二——整体性的体现，是素质教育的终极目标。素质教育关注的是一个人受过学校教育后，应该具备什么样的素质。学校实施素质教育的侧重点，应该放在对一个人必须具备的素质的培养上。

全面提高包含以下内容。

（1）国家教育方针提出的"培养德、智、体等方面全面发展的社会主义事业的建设者和接班人"，明确地规定了学校培养的"社会主义事业的建设者和接班人"应该是德、智、体、美、劳五育并举，全面提高。

（2）《中国教育改革和发展纲要》提出"全面提高学生的思想道德、文化科学、劳动技能和身体心理素质"，这四个素质也应该是中学生全面提高的内容。

（3）邓小平同志提出的"培养有理想、有道德、有文化、有纪律的社会主义公民"，这"四有"也应该是全面提高的内容。

（4）李岚清同志指出的"面向全体学生，让学生学会做人、学会求知、学会劳动、学会生活、学会健体、学会审美打下扎实基础，使学生在德、智、体等方面得到全面协调的发展"这"6个学会"，更应是全面提高的内容。

（5）各学科的教学目的要求，理所当然地是学生全面提高的内容。

**主动发展**

主动发展是素质教育本质属性之三——主体性的体现，是素质教育的灵魂。强调学生主动发展，就是肯定学生是发展的主体，也就肯定了个性发展的需要。

（1）在学生的认知活动中，最活跃的情感、动机因素，是他们的认识兴趣，即"求知欲"。求知欲是学生主动学习、主动发展的最直接的内趋力。

（2）教学中要千方百计地激发并保持学生旺盛的求知欲，调动他们主动学习的积极性。学生有了主动精神，才能充分发掘他们禀赋的潜能，才能驱动后天的积极因素。

（3）精心设计教学环节，实行愉快教学，让学生动眼看，动耳听，动脑想，动口读、说，动手写、做，调动多种感官参加学习和训练，使学生在学习过程中心情愉悦，精神饱满，主动求知，主动发展。

# 7. 课堂教学素质教育的原则

### 全面性原则

全面性原则是指教师在课堂教学中应面向全体学生，全面完成课堂教学的各项任务，全面提高学生的基本素质。具体说，课堂教学中的素质教育应围绕三项主要目标实施：一是教学目标；二是教育目标；三是发展目标。

全面性原则具体表现在以下几个方面。

（1）教学对象的全面性应树立"有教无类""长善救失"和"因材施教"的教育观、学生观，使每一个学生都在自己的先天禀赋与后天发展的基础上有所得、有所乐、有所发展。

（2）教学目标的全面性全面和综合地考虑课堂教学目标，确立其目标系统，是课堂教学落实素质教育的第一步。

（3）人才观念的全面性。遵循主体性原则，首先要体现教学民主性，其次要体现教学的科学性，最后体现教学的实践性。

### 主体性原则

主体性原则指教师在进行课堂教学时要从学生所处的学习主体地位出发，制定教学策略、选择教学原则和方法、设计教学方案、组织教学过程。课堂教学中要重视培养学生主动精神，这是素质教育的根本出发点和归宿。

遵循主体性原则，一是要体现教学民主性，二是要体现教学的科学性，三是要体现教学的实践性。

### 发展性原则

发展性原则指教师的课堂教学应以促进学生素质的提高为出发点和落脚点，充分发挥课堂教学亦即教育的发展功能，使学生得到最大限度的发展。

遵循发展性原则，一是要树立以发展为内涵的三个"课堂教学观"，即课堂教学本质观、教学价值观和教学质量观。二是要把握发展的"三个度"，即向度、量度和效度。

### 渗透性原则

渗透性原则，即从素质教育出发，结合实际，全面地进行渗透教育，使学生素质在潜移默化中提高。

遵循渗透性原则，一是要提高对课堂教学渗透意义的认识，它是教书育人的重要保证。二是要重视渗透的全面性、教育性、启发性和激励性。

# 8. 课堂教学交流工作规范

### 情感交流的教学功能

教学过程须臾也离不开情感，情感交流在教学过程中具有独特的教学功能。概括地说，情感交流具有以下8大教学功能。

（1）感染功能

感染功能，即教师的情感具有对学生情感施加影响和感染的功能。教学"以情动人"、师生"情感共鸣"就是其典型表现形式。

（2）动力功能

动力功能，即教师的情感具有发动、维持和推动自身施教活动和学生学习活动的功能。

（3）信号功能

信号功能，即教师的情感通过表隋外显具有教学信息传递的功能。教师的面部表情、体态表隋和言语表情是其情感的外部表现，是教学信息载体之一。

（4）调节功能

调节功能，即教师的情感对学生的认识过程具有组织、协调、节制的功能。常言"情通理达"就是这个道理。

（5）定向功能

定向功能，即教师的情感具有促进教与学稳定在一定的方向上，并朝着一定目标运行的功能。教师的"情感投资"一旦使学生"动之以情"，就会成为他们努力达到此目标的积极力量。

（6）强化功能

强化功能，即教师的情感具有巩固或改变学生学习行为的功能，以培养学生良好的学习行为习惯和积极的社会性动机，使之成为有理想、有道德、有文化、有纪律的一代新人。

（7）迁移功能

迁移功能，即教师的情感具有激活学生情感，促使学生将此情感迁移、扩散、泛化到有关对象上去的功能。"爱屋及乌"是情感迁移的一种表现。

（8）交融功能

交融功能，即教师的情感具有引起"情知交融"、师生情感浑然一体、教学气氛轻松和谐的功能。师生的"心有灵犀一点通"就是这一功能发生作用的明显例证。

**情感交流的基本法则**

课堂教学过程是教师与学生之间相互联系、交互作用的过程，是师生情感交流的过程。在这一过程中，教师处于情感交流的主动和支配地位。教师应遵循以下基本法则。

（1）积极投入

①教师的情感投入，说得通俗些，就是教师对学生的感情投资，以换取学生的信任和从事学习活动的积极性。

②教师积极的情感投入是取得教学成功的先决条件。教师的情感主要有表象层次的情感和理性层次的情感。

③在教学过程中，教师的教学在学生大脑皮层留下表象记忆的同时，也留下了情感体验的记忆。这种与情感体验密切相关的表象的产生，便构成了表象层次的情感。

④理性层次的情感是指在较长时间情感体验中由众多稳定因素构成的，调节、组织、强化自身情感心理结构。教师要努力使自己的情感从表象层次上升到理性层次。

（2）自然流露

心灵内部的情感是隐蔽的，但并不是看不见、摸不着的，它可以通过多种形式表现出来。情感的表现是指内心真实情感的自然流露，它与情感发泄有着本质不同。教学情感的自然流露，主要应注意以下几点。

①适度。教师的情感不同于演员在舞台上的情感，它更多需要的是平和、适度的流露。

②和谐。教学情感的流露要与教学内容、教学气氛相协调。课堂教学不能没有情感，但任情感主宰教学也是不恰当的。情感和谐还要求教师注意观察学生的情绪变化，掌握他们的心理活动，使教师自身的情绪、情感体验与学生的情绪、情感体验相对应。

（3）畅通情感渠道

①情感的通道是不能堵塞的，必须畅通。情感渠道畅通，师生之间的情感交流才得以实现，情感才能生成教育效应。

②畅通情感渠道的过程，是师生彼此熟悉、理解和感化的过程。青少年学生的心理特点是复杂的，可以说，一颗心就是一个复杂世界。教师要仔细观察，认真分析，让每个学生的性格、志趣、才能、气质乃至一言一行、一笑一颦都纳入自己的视野范围之内。

③要保证师生情感交流渠道的畅通，还要求教师尊重学生，保护他们的自尊心，注意学生心灵中最敏感的地方。

（4）控制情绪

①节制过激情绪。所谓过激情绪是指在课堂教学过程中，有的教师不能冷静、恰当地表达情感，出现了"走火"现象。例如，有的教师看到学生听课很认真便忘乎所以，自以为是，于是即兴发挥，甚至故弄玄虚，大讲"题外话"冲淡教学主题。克服过激情绪，一是要端正教学思想，绝不要去迎合少数学生的猎奇心理；二是要明确教学目的，突出教学重点；三是要精心设计教学活动，使之有发挥情感、施展技巧的余地，让内容、激情、技巧三者有机结合。

②避免冲动情绪。控制冲动情绪关键是要"制怒"。而"制怒"不仅仅是一个方法问题，而是教师职业道德修养的集中体现，与教师的教学思想、教学态度等密切相关。

③克服压抑情绪。克服这种情绪的关键在于建立健康的心理品质，主动调节课堂气氛。

④消除紧张情绪。产生紧张情绪的原因不同，其处理的方法也各异。最常用的方法有自我安慰法、转移注意法、熟悉环境法、回避目光法等。

（5）注意反馈

①教师的情感表达会作用于教学对象，引起学生的情感反应。教

师要及时将学生的情感反应反馈于自己的教学活动，以实现情感的反复循环。

②在课堂教学过程中，教师要善于"察言观色"，准确、敏锐地捕捉学生情感变化的外在表现。

③教师要针对学生情绪发生的心理规律巧妙组织教学活动，使师生情感和谐共振。

（6）贯穿全程

情感交流必须贯穿教学的全过程，作用于教学的各个方面，不能间断，不能截流。

**情感交流的常用方式**

教师内隐的情感是可以通过一定方式显现出来和作用于学生，并将学生情感的变化情况反馈于教师的。教师与学生实现情感交流的基本方式分为有声语言和无声语言（主要为体态语言）2类。

（1）朗读含情

教学离不开读。朗读是一种语言艺术的再创作活动，是一种语言环境中的审美体验。教授课文，不能将朗读理解为只是认字。教师要遵循朗读心理过程的情感伴随规律，认真挖掘教材中的情感因素，细心品味情感内涵。然后再通过抑扬顿挫的声调、轻重缓急的语气、快慢强弱的节奏，把感情极力表达出来，读出神韵，读出情味，以声传情，激发学生的情感，引起学生思想感情的共鸣，加深他们对课文思想感情的理解和领悟。

（2）形象载情

情寓于理成于形，具体形象是情感的载体。栩栩如生、具体逼真的形象最具有感染力和吸引力，最易唤起学生情感上的共鸣。形象的塑造可以是言语描述，或实物模拟，也可以是图画呈现，或音乐渲染，还可以是角色扮演，或实践创造等。

（3）借景抒情

人的情感总是在一定情境中产生的，为了唤起、培养和强化学生的某种情感，可以有意识地创设相应的情境。

（4）点拨激情

学生隋感的发展是从外部、被动、自发的情绪表现逐步转化为内部、主动、自觉的情感体验的。促使这一转化的关键之一是在教学过程中明理。当学生产生了一定的情感认识及相应的情感共鸣时，教师要积极点拨诱导他们进行抽象和概括，把某种情感引入理性思考之中，在情感认识的基础上形成理性认识。

（5）因文表情

它是指教师在教学过程中，以课文为依据，分析挖掘课文中的情感因素，并通过一定的形式表露出来。

（6）体态寓情

它是指教师将口头语言与体态语言有机结合起来，并通过体态语言来表情达意。

# 9. 课堂教学导入工作方式

熟悉课堂教学导入的方式利于教师通过对课堂教学导入方式的全面把握，有针对性地选择课堂的导入方式。

直接导入

（1）直接导入又称开门见山式导入。就是在上课开始后，教师开门见山地介绍本节课的教学目标和要求、各个部分的教学内容、教学进程等，让学生了解本节课的学习内容或要解决的问题，以此引起学生的注意。

（2）直接导入是通过启发诱导学生逐步进入新课的，因此它只适宜于学习积极性较高且具有一定意志力的较高年级的学生，对于低年级的学生，不宜采用直接导入的方式。

复习旧知识式导入

在讲授新知识时应考虑新旧知识之间的联系，很好地利用与新课内容有密切关系的、学生已经掌握的知识，或者日常生活中已经积累的知识，以此设计导入语，引出新的内容。复习旧知识的导入方式重在恰到好处地选用与新授课内容关系密切的知识。这种导入有 4 种具体方式。

（1）从总结旧课人手导入新课，又称为归纳导入式。其运作方法与要求是：教师提出要讲授的新课题之后，首先对上节课新讲的内容概括地小结一下，扼要复述出与此有关的新知识，讲课时使学生把新旧知识连贯起来思考。这样既能起到承上启下的作用，又能较好地巩固已学的知识。

（2）从检查提问旧课人手，导入新课。其运作方法和要求是：教师在讲课之前，先面向全班学生提出几个前节课学过的富有启发性的问题，引起全班学生的回忆思考，再找几个学生回答问题，在个别学生回答、教师做出订正和补充的基础上，带动全班学生复习旧课，进而导入新课。

（3）通过组织学生进行听、写、练等活动，导入新课。其运作方法和要求是：在讲授新课之前，先让学生以听、写、板书、朗读、翻译、练习等活动方式复习旧课，使学生再现已学过的知识，然后导入新课。

（4）向学生提示问题，引导回忆旧课或者有关的知识、事件导入新课，该方式又称联想式导入。其运作方法和要求是：教师在讲授新课之前，提示学生回忆前节课讲过的几个问题，或让学生提出与新课有关的事情、知识。学生经过回忆思考，在头脑中再现提问的内容，不经由学生直接回答即转入新课。

提问式导入

提问式导入也是最常用的导入方式。它通过提出一些与新课内容有关的、学生已经了解的有趣的问题，激发起学生想要了解该问题的好奇心，进而导入新课。

**悬念式导入**

这种导入方式是利用上课头几分钟的最佳时机，通过设疑、制造悬念，吸引学生的注意力，把问题导入新课之中。

**直观演示式导入**

（1）这是一种通过先让学生观察实物、模型、图表、幻灯、投影、电视或运用形象化的语言等，引起学生对即将讲授内容的关注，然后从引导学生在观察中提出问题，使学生从解决问题人手，自然而然过渡到课题教学的导入方式。

（2）因为这种导入方式一方面能使学生获得丰富的感性材料，加深对事物的印象；另一方面可以激发学生的学习兴趣，利于发展学生的观察力和加强对将要学习新课内容的理解和记忆。因此，这类导入方式运用很广，各学科、各年级均可运用，尤其在中低年级和自然学科中，运用这种导入方式，效果更好。

（3）直观演示式导入重在激发学生对新课内容的兴趣，因此运用这种导入方式要注意以下几个方面。

①实物、模型、幻灯、电视等的内容，必须与新课内容有密切的关系。

②在观察中，教师要及时且恰如其分地提出问题，为学生学新课做好准备。

③设计好演示程序，所用时间不要过长。

**实验演示式导入**

（1）这种导入方式是教师在讲授讲课前先做一个小实验让学生观察，通过提问或指导学生观察使学生看到某一现象，然后通过分析归纳，以得出的结论或观察到的现象导入新课的方式。这种导入方式能帮助学生认识抽象的知识，而且还能激发学生的思维活动。

（2）学生通过实验观察或操作实验、多种感觉器官并用，也易于激发学生的学习兴趣，活跃课堂气氛。这种导入方式经常应用在自然学科的课堂教学中。

**故事式导入**

（1）这是一种适当地选讲与讲授新课内容有关的故事、趣闻轶事导入新课的方式。

（2）青少年儿童（包括青年学生）都喜爱听故事、趣闻轶事。各学科的发现史、发展中都有许多动人的故事，适当地选一些与讲授新课有关的小故事或故事片段，不仅有利于学生思维能力的培养，有利加深学生对课文内容的理解，而且极易于引起学生的兴趣，使学生的注意力立刻集中起来。

（3）教学实践中，不少教师创造了利用故事导入新课的优秀典范。

（4）采用这种导入方式应注意以下几个方面。

①故事内容要与新课内容有紧密的联系。

②故事本身生动有趣，对学生具有启发性。

③语言要精炼，故事要短小精悍，用时不长。

**讲评式导入**

（1）一般是通过对学生练习、作业、试卷中出现的问题或教师有意设计的某种错误，进行分析、讲解，借端生议，导入新课，或者是对学生对某一问题的具有创见性特殊处理方法或特殊看法，进行讲评导入新课。

（2）运用这种导入方式要注意以下几个方面。

①讲评的内容要具有代表性、典型性；若是对学生作业中的问题进行讲评，"问题"应是普遍存在的问题，或者虽不普遍但能反映某一倾向的问题；若是讲评学生有创意的作业，应考虑其示范性，对学生具有开阔思路、树立榜样的作用。

②讲评的内容应少而精，并与新课内容有一定的联系。

③避免指名道姓地批评学生。

### 检查预习式导入

（1）教师通过检查学生对本节课内容预习情况引入本节内容，巧妙导入新课。

（2）上课时，通过检查预习情况，再板书出该节的提纲，然后逐一讨论和充实有关的具体内容。

### 生动实例导入

这是一种利用学生生活中熟悉或关心的事例导入新课的方式。生活中的许多现象，学生一般能感觉而不能理解。一旦把它上升到理论的高度给予科学的解释，不仅能使学生产生亲切感和实用感，而且也极易激发学生的学习兴趣，集中学生的注意力。

### 铺垫式导入

受知识面的限制，学生对部分课文的背景不甚了解，若直接进入课文会影响学生对课文内容的理解。对此可通过简要介绍有关背景或补充有关资料来导入新课。

### 比较式导入

有些课的教学内容，表面上看很接近，实际上是有区别的，有的学生容易把它们混淆起来。对于这类课，采用比较方式的导入，既利于运用已学的知识促进学生对新知识的理解，又利于学生把新旧知识、新旧概念区别开来。

### 测验式导入

动作要求是：教师走进教室宣布上课后，让学生拿出笔和纸，就上节课或上一单元的重点内容进行测验。测验题应少而精，方式可以是听写、计算、简要回答问题等。时间最好不超过5分钟。教师收回试卷后即宣布本节课的课题。

### 剖析关键词式导入

这是通过对教学内容题目中的关键词的剖析导入新课的方式。每

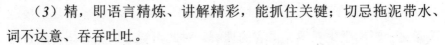
节课都有题目（章目、节目），有些题目简洁明快，有些题目中则往往包含一些生疏的又是重点的词（或概念）使学生弄清这些词的含义既十分必要，又是导入新课的好方式。这种导入方式的突出优点是诱发学生尽快把握教学内容的重点。

**课堂教学导入方式的具体要求**

根据导入方式的具体要求有以下几方面。

（1）短，即教师在导入时的语言要做到简短、明白、易懂，以生动有力、简洁明快的语言激发学生的学习兴趣和求知欲望。

（2）新，即导入的语言要有新意，形式新颖，避免平铺直叙、千篇一律。因为后者会使学生失去兴趣，影响导入的效果；但也不能过分夸张，更不能为吸引学生而猎奇或者搜集一些庸俗的东西去迎合一部分学生的好奇心理。

（3）精，即语言精炼、讲解精彩，能抓住关键；切忌拖泥带水、词不达意、吞吞吐吐。

（4）平，即教师在导入时的知识坡度不宜太大，由已知到未知的知识点（联系点）要讲准，最好都在同一水平上，这样易使学生实现由已知到未知的转变。

（5）熟，即运用的导入方式，语言、动作的衔接、配合要舒展自如、运用熟练。特别在运用演示操作类导入时，一定要在课前进行预演，以免课堂上出现演示操作不当、衔接不自如的现象。

（6）准，即新旧知识衔接点要找准，语言要用准，不能随心所欲、漫无边际。导入的宗旨是为了新课，提高教学效果，因此导入的运用一定要自然，要符合学生的心理特点和教学内容的实际，不能为导入而导入，更不能在导入时牵强附会，信口开河，胡编乱造，愚弄学生，分散学生的注意力。

（7）快，即课堂教学要向时间要质量、要效益。因此，导入的时间不能太长，一般以3分钟为宜，尽量不要超过5分钟，以便有充足的时间释疑、解疑。

（8）活，课堂教学是师生的共同活动，导入的运用应充分调动学生学习的积极性、主动性，让师生的情感在上课开始就得到交流。切忌教师唱独脚戏而不顾学生的情绪。

# 10. 课堂教学讲授工作规范

### 恰当地确定、组织教学内容

（1）教师的讲授内容要根据备课时的设计，有顺序、有层次、有重点地展开，使讲授内容本身具有系统性、连贯性，符合教材知识结构的逻辑要求。

（2）教学的知识目标的要求之一是使学生掌握的文化科学知识必须具有系统性，而不能是杂乱无章的知识。教学中传授系统知识的必要性在于：只有系统的知识、具有内在联系的知识，才容易为学生掌握，才能够促进知识向智力、能力的转化，才能够使所学的知识对以后的工作、学习发挥迁移作用。

（3）课堂教学的直接任务之一，是使学生突破教材内容的难点，通过领会、理解，掌握作为重点的教学内容，并使当前所学知识与以前的知识衔接起来，使所学的知识相互贯通起来。这要求教师在运用讲授法进行教学时，要认真钻研教材，根据课堂教学目标、教学重点和学生认识事物、领会理解知识的顺序，认真组织教学内容。

（4）具体要求

①遵循由整体到部分、由一般到特殊"不断分化"的原则，加速知识的同化。

②遵循综合贯通的原则，建立知识之间内在的联系。

③遵循以点带面、以简驭繁的原则，力戒面面俱到、四面出击地讲授。

④根据备课时对教学内容重点、难点、关键的确定，围绕"3点"组织讲授内容，力戒讲授内容杂、混乱、重点不突出，使学生难以掌握要领。

**很好地利用学生原有的知识**

（1）保证学生有意义学习的首要条件：使学生原有的知识结构中具有适当的知识与新学习内容，建立人为的实质性联系。否则，教师的讲授内容再富有逻辑意义，也不能被学生吸收。影响学生学习的最重要的因素是学生已经知道了什么。

（2）根据学生原有的知识结构进行讲授，是使学生领会理解新教材内容的重要措施。这要求教师在课堂讲授过程中，要根据备课时对学生已有知识结构的了解情况，有的放矢地进行讲述、讲解，努力增强讲授内容的针对性（针对学生理解上的难点）。

（3）充分利用学生原有知识结构的讲授策略，是在备课时，根据新的教学内容的特点、具体教学目标的要求和学生原有的知识结构，恰如其分地设计"先行组织者"。

**注意激发学生的学习动机**

（1）学生在课堂中的学习是系统的、有意义的学习。这种有意义的学习本身是一个充满矛盾与困难的过程，需要学生不仅付出时间的代价，也需要付出体力与智慧的代价。因此，它的进展需要由动机、情感、态度等来维持、引导、加强、协调。

（2）学生的学习是由学习动机引起、支配的。学习动机是直接推动学生进行有意义学习的内部动力，它是一种学习的需要。这种需要表现为学习的意向、愿望、兴趣等，对学习起启动与维持作用。

（3）运用讲授法进行教学，必须重视激发学生的学习动机，培养其学习兴趣，使学生明确课堂教学乃至整个学习的目的，使学生有强烈的学习倾向，这样才能把讲授的内容转化为学生的需要，使讲授收到预期的效果。

**讲求教学语言艺术，提高表达效力**

讲授是以口头语言表达的形式进行的。因此，运用讲授法，必须讲求语言艺术，提高语言的表达效力。

（1）讲求讲授语言应遵循的基本原则

善意原则。它要求教师要有关心、爱护、帮助学生的思想认识基础，讲授用语亲切、自然，使学生能切实感受到教师的良好愿望，从而心悦诚服地接受教师的教诲。

尊重原则。这是讲授语言的态度原则。它要求教师对学生必须持尊重的态度，用语遣词要礼貌得体、语调要亲切和蔼，随时调整失误用语。力戒使用讽刺、挖苦，有辱学生人格的话语。

可接受原则。要求讲授用语必须切合学生的特点，必须通俗易懂，必须调整好教学内容的深度、广度，必须合乎社会的语言规范。

协调一致原则。它要求讲授用语必须与教学目标密切相关；必须使师生双方能够相互沟通，通过增强用语的启发性，使教师与学生、学生与学生之间能够进行多向交流；必须与学生的认识规律相符合。

（2）对讲授用语的基本要求

条理清楚。条理清楚是讲授语言的整体组织要求。

简练准确。这是讲授语言的单一结构要求。简明扼要的语句，使人听着舒服、好记。

赋予启迪。这是讲授语言结构的最高要求。教师不但要善于把现成的知识传授给学生，更要善于发展学生的智力。那么怎样才能使讲授语言具有启发性呢？

①中肯。中肯的语言是指话说到问题的点子上、学生的心坎上了。学生最渴望解决的问题，你说中了，提出来了；学生最想知道的事情，你讲到了，回答了，往往能引起他们的兴趣和思考。

②含蓄。就是说话时不要把情意全部表达出来，不要道破天机，此所谓举一反三。

③诱发。如果不设法诱发学生的学习积极性，讲授绝不会达到预期的效果。

④鼓动。要借助教师语言的外力去激发学生学习和思考，使学生跃跃欲试，勇攀高峰。鼓动性的语言具有感情色彩，铿锵有力，且观点鲜明，态度坚决，才能给学生指明目标。

浅显通俗。浅显通俗的语言，使人听起来清楚易懂，且有平易、朴素、亲切之感。要使讲授语言浅显通俗，应注意两点：一是深入理解讲授内容；二要有丰富的词汇量，要把复杂、深奥的内容，用一种浅显通俗的语言形式全面、准确地表达出来，没有一定的词汇量是达不到的。

形象生动。形象生动的语言给人一种直观感和动感，使人兴趣盎然，并能在记忆里留下深刻的印象。

使语言形象生动应注意以下3点。

①善于例证，即运用典型材料来说明抽象的理论，把抽象的东西联系起来。这样能使讲授语言生动、具体化。

②运用比喻，使语言形象生动，引起学生联想。

③适当引用一些名言、名句、成语、典故、诗词、顺口溜、群众口语、民间谚语、电影、故事、文学艺术语言等，这也可使讲授生动有趣。

清晰晚耳。讲话是有声的语言，是用声音表达或传送情意的。学生听得是否清楚、明白、生动、有趣，常常与声音的高低、快慢的控制，以及清晰度、语调等因素有一定的关系。

流利畅达。从进程、速度看，要流利畅达。讲话如行云流水，使人有轻快之感。

抑扬顿挫。从音量、声调、速度三者的变化看，要抑扬顿挫。平铺直叙、呆板单调的讲话，使听者昏昏欲睡。所以，要根据教材的情意和听者的情况，适当地控制语音的大小、调子和速度。

**多种方法并用**

（1）科学的讲授法是课堂教学中应用最大、成效显著的教学方法，但也不是万能的教学方法。

（2）讲授法既具有很多其他教学方法所不可比拟的优越性，同时又有一定的局限性。因此，即使在以讲授为主的课堂教学中，也不可一堂课自始至终都由教师讲学生听；即使能够激起学生学习的兴趣，能够让学生积极参与教学活动，也必须从教学实际出发，根据整体性的布局要求，综合地运用多种教学方法，做到扬各教学方法之长，避各教学方法之短，注重教学方法的整体效益。

（3）对于中学生特别是中低年级的学生来说，由于其有意注意及认知心理发展的不完善性，运用单一的教学方法不能使其长时间地保持有意注意，其教学效果就会受到影响。

（4）运用讲授法，不仅要将讲述、讲解等讲授方式很好地结合起来，而且还要注意辅之以其他方法。

**处理好讲与不讲的关系**

（1）在班级教学的教学组织形式中，讲授法的应用范围很广，各门学科、各种类型的课，其教学都要运用讲授法。

（2）为了完成教学任务，提高课堂教学效果，教师首先应根据教学内容的特点、学生的知识水平出发，确定课的教学任务及完成任务的主要方法，其次在确定运用讲授法时，要处理好讲不讲的关系。

（3）确定"讲"与"不讲"的基本依据是学生的学习心理。因此，教师在处理教材时，要充分考虑学生的学习心理的年龄特点和学生现有的知识水平。估计学生通过自己阅读、思考就能理解的内容，就可以少讲、不讲；对于教材难点、重点，教师也可以先不讲，启发学生讨论后再讲，针对学生的理解状况，做出讲与不讲、少讲、多讲、浅讲、深讲的判断，并进行相应的讲授。

**注意做好课堂教学的组织管理工作**

（1）讲授法的基本特点之一是教师讲学生听。在班级教学这一教学组织形式上，有利于学生在较短的时间内获取更多的知识。

（2）教师要坚持"面向全体兼顾两头"的原则，一方面从大多数学生的实际水平出发确定讲授的方式、内容；另一方面要兼顾优秀学生和后进学生的实际需要，争取使全体学生都掌握相应的教学内容；其次也应切实地考虑每个学生的具体情况，采取一定的方式，争取使每一个学生都学有所获。

# 11. 课堂教学板书工作执行标准

**目的明确，针对性强**

（1）板书是为一定的教学目的服务的，偏离了教学目的的板书是无意义的板书。

（2）板书之前一定要认真钻研教材，在吃透教材精神实质的基础上，遵循形式为内容服务的原则，按照教学目的，有的放矢地对板书进行预先设计，以此使板书突出重点，突破难点，体现教材的特点，为实现教学目标服务。

（3）针对性是要求板书从教材特点、课型特点和学生特点出发，做到因文制宜、因课制宜、因人制宜。

**书写规范，有示范性**

（1）书写要工整。必须遵循汉字的书写规律，做到书写规范、整齐。要把握汉字的基本笔画和笔顺规则，不倒插笔，不写自造简化字。

（2）字的大小以后排学生能看清为宜。要一笔一笔地书写，一笔一笔地画图，让学生看清楚，对一字一句，甚至标点符号都要有所推敲。

（3）教师的板书除传授知识外，还有一个引导和训练学生养成良好的书写习惯的重要任务。

### 语言正确，有科学性

这是从内容上对教师的板书语言提出的更高要求。板书在教学中虽是间隔地出现的，但最后总要形成一个整体。板书要让学生看得懂，引人深思，不能由于疏忽而造成意思混乱或错误。

### 层次分明，有条理性

（1）板书要依据教学内容的顺序与逻辑关系、教学进程做到层次分明，有条理性。

（2）板书和口头讲述是同步进行的，而板书具有直观、形象、概括、层次分明的优势。要发挥板书的优势，教师板书必须做到层次清楚、条理分明、主线清晰、枝蔓有序，用板书体现和加强讲解中语言的作用。

### 重点突出，表意鲜明

板书要发挥引导学生把握教学重点、全面系统理解教学内容的功能。因此，教师的板书必须重点突出，详略得当，力争能够给学生以纵贯全课、了解全貌、抓住要领的效果。

### 合理布局，计划性强

（1）板书应与教师的讲解密切协调，将讲解内容迅速而利落、合理而清晰地分布在黑板上，不仅帮助学生理解教学内容，而且能在讲解完毕时使学生通过板书对授课内容一目了然，获得整体印象。

（2）教师要根据教学要求，对板书进行周密计划和精心设计，确定好板书的内容格式，预定好板书的位置。唯有如此，才能在教学时准确而灵活地进行板书。

### 形式多样，有趣味性

充满情趣的板书，就像一幅美丽的图画，不仅给学生留下深刻的印象、形成理解、回忆的线索，而且给学生以美的感受，引起学生浓厚的兴趣，加深理解和记忆，增强学生的思维的积极性和持续性。

# 12．课堂教学反馈工作制度

教学反馈是实现教学有目的的控制、提高教学质量与效率、保证教学活动良性循环的必不可少的措施。要使教学反馈充分发挥作用，除了要正确运用反馈方法，还必须注意以下几个方面的问题。

**反馈必须及时**

（1）这是要求反馈的速度要大于被控系统状态改变的速度，反馈要在下一次控制决策之前完成。

（2）教学中做到及时反馈。一方面，教师应及时通过问答、练习、作业、测验和考试，对学生的实际学习状态与预定的学习目标进行对照比较，并将二者差异的信息尽快反馈回来，以调整下一步的教学活动；另一方面，学生应该根据教师或教材所提供的标准，及时进行自我评价和自我调节，主动配合教师尽快达到预定教学目标。

（3）无论是教师的宏观反馈，还是学生的微观反馈，关键都在于对教学效果做出正确的评价。

（4）对学生学习上的点滴的成绩和进步，及时进行鼓励（强化）也是十分必要的。及时的鼓励不但可以加深学生对所获知识信息的理解和记忆，还可以增加学生的学习兴趣和自信心，使学生对学习方法的掌握逐步由不自觉过渡到自觉。

**反馈必须准确**

（1）这是要求反馈信息真实可靠。错误的信息会导致做出错误的判断。判断错误就不能对被控系统进行正确的调整，就会使控制失效。

（2）在课堂教学中教师要通过反馈所获得的信息调节教学活动。但由于学生的生理、心理、智力、能力诸因素的差异，发生的反馈信息，不全是教师所希望的结果，有正确的也有错误的。

**教学信息发送与接受必须保持同步**

这要求教师把课堂教学组织成师生共同参与的双边创造性的智力活动过程，双方要协调一致，产生"教学共振"。

**反馈面要广**

（1）这是要求反馈时要考虑全体学生的反映情况，不能只注意优秀学生的反映情况，而不顾后生的反映情况。

（2）要使绝大多数学生都有获取教师有针对性的反馈——矫正的机会。

**反馈形式要多样**

（1）要把直接反馈和间接反馈，长距反馈、短距反馈和瞬时反馈，正反馈和负反馈，及时反馈，完整性反馈与补充性反馈等，很好地结合起来。

（2）在课堂上，了解学生输出反馈信息的渠道不能仅仅局限于学生的作业和练习。学生在整个学习过程中都在输出反馈信息，教师要高度关注，不仅要注意学生的口答、看学生的板演、批阅学生的作业，在教学的各个阶段、各个环节，都要善于察言观色，运用多种手段，随时从表情、神态等方面获取学生发出的反馈信息。

**指导学生学会自我控制**

（1）反馈虽然是学生对教学的反映，为教师了解学生改进教学提供反馈信息，但反馈的实质还在学生本身。

（2）通过教师对学生反映的评价，使学生对自己掌握知识的程度有明确的认识，使正确的认识得到强化，错误的认识得到纠正。最终目的是促进学生的学习，巩固学生的知识。

（3）教师要对学生课堂上的练习、答问、讨论、板演等当堂给予正确的答案和评价；让学生及早地知道作业及考试结果，以便学生根据教师的反馈信息及时地进行自我调控。

善于观察，善于协调，善于交流

有较高的应变能力，善于观察、善于协调、善于交流。

（1）把反馈的理论用于指导教学，要求教师在教学实践中逐步具备较高的应变能力。

（2）教师要不断地把自己头脑中储存的信息输送给学生，让这些信息作用于学生头脑引起学生的反应；学生要不断地把教师输入的这些信息再以不同的方式输出，让这些信息重新作用于教师的教学。

（3）反馈要求教师在课堂教学中善于观察，有"学生观"，有知人之明。学生不仅是教师教学活动的"鉴赏家"，而且也是教学活动的参与者。

（4）反馈还要求教师在课堂教学中要善于保持协调，有"灵敏度"，有"自知之明"。教学上的协调，就是保持教与学、讲与练的和谐、平衡。

反馈要有效

反馈有有效与无效、有益与无益之分。教师要尽最大努力避免无效、无益的反馈，这要求教师做到以下几个方面。

（1）必须充分把握学生在性格、认知上的特点，尊重学生，多对他们进行鼓励，避免在反馈中使用有伤学生自尊心、自信心的言辞和行为。只有建立在热爱、关心、尊重学生基础上的反馈信息，才能充分、有效地被学生接收。

（2）对学生的反馈要有一定的层次，注意根据学生的实际情况向学生反馈信息。

（3）要注意排除无关或消极信息的干扰，使学生能够及时、准确地识别反馈信息的真实性与假象，能了解教师的真实用意。

选择合适的方式进行矫正和强化

（1）教师在从学生那里获取反馈信息后，不仅要对反馈信息进行辨别分析，而且还必须对学生不符合教学要求的反映进行矫正，对符合教学要求的良好反映进行强化。

（2）矫正的目的是使学生改变片面或错误的认识和行为，强化的目的是帮助学生把某一行为的变化朝更好的方向发展或通过对学生回答问题的反馈巩固学习成果。

# *13.* 课堂教学评估工作方法

### 课堂教学评估的功能与作用

（1）信息反馈功能

通过课堂教学评价，提供教学活动的反馈信息，以便师生调节教与学的活动，使教与学有机地结合。

（2）鉴别功能

通过课堂教学评价可以了解教师的教学工作的质量与水平，便于对教师考查与鉴别，并实事求是地、公平地对教师的教学工作做出准确的判断。

（3）导向功能

课堂教学评价中的指标体系及其含义是根据教育原则、素质教育的要求及确定的教学目标，对教师实施的教学活动的效果、完成教学任务等情况及学生的学习水平进行科学的判定。

（4）激励功能

科学的、公正的课堂教学评价，可以调动教师教学工作的积极性，激励他们认真学习教育学、心理学、钻研大纲、教材，强化教学基本功训练，不断改进教学方法，激起学生学习的内部动因，维持教学过程中适度紧张状态，达到激励广大师生奋发向上的目的。

### 确定课堂评价指标体系的原则

（1）客观性原则

客观性原则是指制定指标体系时，必须采取实事求是的态度，客观地反映事物的本来面目，不主观臆断或掺杂个人感情，要依据国家的教育方针、教育大纲、教材、教学目标要求来确定，要依据素质教育的要求和当前教育教学改革的要求来确定。

（2）科学性原则

评价本身就是一种科学实践。科学性原则是指制定指标体系时，必须遵循教育教学规律，符合教育学、心理学基本原则和教学原则，同时评价指标的权值分配要科学并切合实际，评价的手段要采用定性与定量相结合的方式，使评价结论具有很高的信度和效度，并且具有可比性。

（3）整体性原则

教学是一个系统工程，也是一门艺术。它的质量效果是综合多种因素形成的，如果过分地强调某一因素就会导致整个系统失去平衡，这是不公平的。

（4）一致性原则

一致性原则是指制定指标体系时，必须用一致的标准。坚持一致性原则是由于课堂教学评价指标必须以国家的教育方针为指导，以全面提高教育质量为目的，有利于构造素质教育运行机制。

（5）实用性原则

实用性原则是指建立指标体系时，必须有明确的目标要求。这些目标要求重点突出，标准适宜，具有很强的可操作性和实用性。

（6）指导性原则

要求对评价对象的行为做出判定，从而使被评价者从中得到启发和教育。

**课堂教学评价指标体系**

（1）教学目标

教学目标是指在一节课教学活动中教师在教案中对认知目标、情感目标和能力目标的确定，以及教学过程中对上述目标的体现这两个方面来进行价值判断。

（2）教学设计

教学设计是指教师对教学内容，包括知识、技能、思想、方法等，由书面文字加工后，转化为课堂教学中"导"的形式的创造性的教育行为。

对教学设计的评价应从教师对教材的挖掘与处理，教学内容的组织与实施，教学程序的设计与布局，知识系统的构建与施教，学科思想、思维能力的训练与培养，以及学生素质的协调发展等方面进行价值判断。

①知识传授准确，基础知识落实。教师传授的基本概念、公理、定理、公式、法则等准确无错误，分析、推导、解题严谨规范，内容体系完整无缺陷、遗漏，学生对基础知识掌握良好。

②教材处理恰当、重点突出、难点突破，思想教育寓于教学之中。教师对教学内容分量和深度的确定能切合学生实际，重点、难点确定准确。教学中能突出重点，围绕重点组织教学，难点分散且能突破。在教学中能结合教材内容有机地、恰到好处地渗透政治思想教育。

③教学程序设计符合认知规律。认识从实践开始，教师要结合教材内容，做到理论联系实际。根据教材的体系与结构做到由浅入深、由易到难、由表及里。练习设计层次分明有梯度，容量适中，教学环节层次清楚，过渡自然，教学时间分配适当。

④知识传播与能力培养有机结合。教师传授知识要注意形成和不断完善学生知识系统和结构。通过有效训练，提高学生的基本技能。在注意培养学生的观察、记忆、注意、理解、概括等能力的基础上，提高学生分析问题、解决问题的能力和发展学生的创造力。

⑤注重学科的思维过程的培养，重视思想方法的训练。教师要根据本学科思维特点，注意展现学科的思维过程。让学生积极参与思维，掌握思维方法。结合所授内容，重视学科思想、方法的训练，从而提高能力。

（3）教学方法

教学方法是指教师和学生为实现教学目的和任务所采取的手段，包括教师教的方法和学生学的方法。

对教学方法的评价，要从教师的教法所选择的教学方式及学生的主动性的学习方法，以及如何正确处理"教"与"学""主导"与"主体"的关系来进行价值判断。

教学方式选择恰当。教师选用的教学方式应服务于教学目标和服从于教学原则；选用的教学方式要适合学生的年龄特点、心理特点和学生的实际水平；选用的教学方式要能充分展现本学科的思维特点、思想方法等。

面向全体学生，以练为主，注重信息反馈与矫正。教师应使绝大多数学生达到教学目标要求。在教学中，要有足够的时间让学生进行自主练习。从学生练习、答问中及时了解学生"双基"掌握程度和思维过程，及时纠正学生在学习中产生的错误。注意调控使之取得最佳效果，要因材施教，分类指导。

（4）教学基本功

教学基本功专指教师在完成课堂教学任务中所应具备和显示的教学基本能力。教学基本功的评价主要从教学态度、语言文字的表述、操作技能、教学手段的运用和驾驭课堂能力来进行价值判断。

第三章

课堂教学设计

# 1. 教学设计工作总体实施方法

**教学设计主要特征**

（1）教学的计划、开发、传播和评价是建立在系统理论上的。

（2）教学目的是建立在对系统环境的分析上的。

（3）教学目标是用可观察的行为术语来描述的。

（4）对学生的了解是系统成功的重要因素。

（5）研究重点放在教学策略的计划和媒体的选择上。

（6）评价是设计和修改过程的一部分。

（7）按照学生达到预期标准的能力来测定和分等，而不是一个学生和另一个学生的比较。

（8）教学设计还必须把"人类是如何学习"的知识作为基础，在实践中注意开发学生的智力，解决"教会学生如何学习"的问题。并在学习活动中积极地进行监视、反馈、调节和修正，以尽快、有效地达到学习目标。

**教学设计基本要素**

针对不同的教学任务，教学设计的具体方法和步骤可能有所不同，但实质内容是完全一致的。其基本要素可归纳为如下几个方面。

（1）我们期望学生学会什么内容？

（2）为达到预期目标，我们打算如何进行这种学习？

（3）在进行这种学习时，我们如何及时获取反馈信息？

**教学设计程序**

由于设计任务、设计者的不同，教学设计的程序也是各式各样的。教学设计程序由8个部分组成。

（1）讨论目的。列出课题，陈述每一课题的教学目的。

（2）列出学生的特点。

（3）确定可以取得明显学习成果的学习目标。

（4）列出每一学习目标的学科内容。

（5）预估学生对有关课题的基础知识和表达水平。

（6）选择教学活动和教学资源。

（7）协调所提供的服务（如预算、设备、仪器、人员和时间表等）。

（8）根据学生完成学习目标的情况，评价学生学习成绩，以便修改和再评价计划中需要改进的部分。

**教学设计类型**

由于在教学设计中所依据的原则和理论不同，因此教学设计可以分为以下几种类型。

（1）经验型教学设计

教师根据自身的教学经验、知识水平和教学条件等设计教学过程，是一种传统的教学设计方法。这种设计方法不但受到教师本身经验和知识水平的限制，而且要使之达到完善，需要有长期工作经验的积累。

（2）程序型教学设计

自19世纪40年代以来，在斯金纳等人的推动下，根据刺激-反应学习理论把教学内容序列化，编制成一套教学程序，用程序教学书、程序教学机、电子计算机等来执行教师的功能，完成教学任务。

（3）系统型教学设计

以传播理论和学习理论为基础，应用系统的观点和方法，分析教学中的问题和需要。根据教学目标和教学资源，探索和规划教学过程中诸因素的相互关系和合理组合；通过评价不断改进，以求得教学效果最优化。

# 2. 学习方法指导工作执行标准

**让学生依据学科性质和内容选用学习方法**

（1）任何一门学科的建立都有它具体的研究方法，学生学习这门学科也就要有除一般学习方法之外的、符合其性质特点的学习方法。

（2）同一学科不同部分有不同的内容，而方法是内容的运动形式，所以对不同内容的学习，也应让学生选用不同的学习方法。

**让学生依据学习目的选用学习方法**

方法是为目的服务的，学习任务不同，要求选用的学习方法就不同。若学习目的在于训练演算习题的技能或其他某种技能，就用练习的方法；若学习的目的在于记住某些元素的原子量和化合价或某些公式，就用识记的方法；若学习的目的在于探索历史上某次农民战争失败的原因，就用分析的方法；若学习的目的在于培养审美情趣，就用欣赏的方法。总之，要选用实现学习目的的方法。这是选用学习方法至关重要的原则。

**让学生依据自身特点选用学习方法**

（1）在实践中，学生总是以自己独有的特性影响着学习方法的选用。教师要让学生根据自己的知识水平、能力、性格、气质等特点及学习习惯选用学习方法。

（2）学生知识基础较差，做读书笔记就不适用批改式笔记的形式；若学生抽象思维能力较强，自学时就可多采用抽象、概括、推理的方式；若学生记忆习惯于手脑并用，则识记时就可边读边写边尝试回忆。

（3）教师在使学生明白学习方法选用的依据的同时，还要使他们明白，任何学习方法都不是"灵丹妙药"，都只能在特定条件下发挥最佳效果；各种学习方法都不是孤立使用的，而是在不同阶段、学习不同内容的过程中与其他方法配合使用，以完整的体系出现的。

（4）教师要让学生根据各学习方法的特点和自己的特点，扬长避短，精心选用，巧妙组合，创造性地形成自己的学习方法体系。

# 3. 哲理性教学法应用方法

### 逻辑结构揭示法

逻辑是客观物质世界所固有的。物质世界的客观逻辑，以自在的结构和自在的规律及其联系形态存在着，只有当人类形成以后，自然界的这些客观逻辑才逐步被人类的理智所揭示、所破译。

（1）逻辑结构揭示法的功能

创造教育的逻辑结构法，其功能在于帮助学生构建科学的逻辑认知结构。科学的学科逻辑认知结构，是由一些学科的基本范畴——规律、原理、原则等组建而成的相对稳定的开放系统。这个结构系统随着学习的深入，层次与维度逐渐增多，结构的功能逐步复杂和完善，并在不同的层次与维度上同其他学科的逻辑结构相交相接，形成综合型的立体的逻辑认知结构体系。

（2）运用逻辑结构法的基本要求

①讲授的内容要有严密的逻辑性，前后章节之间、概念之间、判断之间，要有清晰的逻辑联系或逻辑层次。

②讲授的重点要突出。所谓重点，即指那些稳定性、概括性、包摄性较强的知识，这些知识是构建学科逻辑结构体系所必需的基本因素。

③注意讲授过程的逻辑性。教师讲授某一学科，必须将原理、概

念等放在学生已经形成的学科逻辑结构的基础之上，引导学生主动运用概念之间的逻辑关系，自己进行分析和推理，并得出符合逻辑的科学结论。要达到上述的目的，教师必须清楚地把握学生的现有知识的逻辑结构水平，并善于用引导性的疑问去激发学生的逻辑思维，使教学活动成为一种逻辑过程。

④配合实验，运用板书。

实验是一个科学事实的过程。作为一个过程，其本身就有一个逻辑程序，这个程序一般表现为发生的条件（或原因）、发展的层次变化（量变或质变）及发展的自然结果。实验手段对于学生学习客观逻辑，认识和建立学科逻辑结构体系，是有显著作用的。

板书是教师传授知识的重要辅助工具，板书的主要目的是提示内容的逻辑要点，帮助学生建立一个相对完整的逻辑联系整体。这样的板书不仅可以增强教学的结构性，唤起学生的注意力，同时，这些内容的逻辑要点联系本身，有助于学生理解和记忆。

⑤在讲解学科的具体概念时，也讲授该学科的逻辑，不是把二者孤立地分开，而是把它们有机地结合起来，并在此基础上积极影响学生的哲理性思维。

**逻辑结构摸进法**

学生掌握了某一学科知识的逻辑结构，就如同掌握了开启智慧大门的钥匙，它可以凭借逻辑结构这一认识工具，自由地探索未知领域。

（1）逻辑结构摸进法的功能

①知识的逻辑结构的方法论指导作用。研究表明，知识的逻辑结构具有方法论的指导意义，创造教育的逻辑结构摸进法，就是利用这种方法论的指导作用，引导学生遵循已经掌握的学科知识的逻辑结构，进行定向的、尝试性的探索，即学生运用已经形成的逻辑认知结

构，对新的或未知的材料进行探索性的理解和概括，从而获得新的认知。

②知识的逻辑结构本身已经潜存着同化新知、解决未知的可能性。现代学习理论认为，一切新的知识都是在已有的知识基础上产生和发展起来的，不受学习者原有逻辑认知结构影响的学习是不存在的。

（2）运用逻辑结构摸进法的基本要求

①学生现有的逻辑认知结构水平，是实施逻辑结构摸进法的前提。为了促进理解和认知的迁移，学生必须把学科知识的逻辑结构内化为个体逻辑认知结构。教师在引导学生实施结构摸进法之前，必须清楚地了解和把握学生现有的逻辑认知结构水平，做到有的放矢，相机引导。

②当教学中需要的某种逻辑结构模式学生还不清晰和不稳定时，教师应先用学生易于理解的材料做引导，使学生逻辑认知结构中的相应观念清晰起来，活跃起来，然后才可以实施结构摸进法。

③及时提供反馈信息，以纠正同化或迁移过程中可能发生的错误理解和模糊概念，防止错误的东西在逻辑认知结构中被巩固下来，从而保证逻辑认知结构中起固定作用的观念的正确性和清晰性。

# 4．批判性教学法应用方法

发射法

发射法又叫求异法，即指对同一问题探求不同的、特异的答案的思维过程和思考方法。

（1）发射法功能

发射思维的实质是知识信息的快速迁移。在这个迁移过程中，信息发生重组，因而可能产生新的信息，所以创造学上把发射法作为创造的方法之一。创造教育的发射法，一般来说不是用于传授知识，而是用于训练创造性思维的一种方法，其目的在于引导学生打破某种思维定势，培养学生的多向思维能力。

（2）运用发射法的基本要求

①思维的发射需要强有力的动因，因此教师在引导学生练习发射思维时，必须采取有效的措施强化创造动因。避免或消除一切压抑创新思维的因素，如不许对他人的观点进行反驳，也不要急于对所发射的意见做结论等。

②发射思维要求有尽可能多的能够启发思想、引起联想的事物和机会。因此，教师还必须设法为学生创造产生联想的条件。

③当发射进行到一定阶段，教师应该引导学生，对这些众多的设想中几个既新颖又有价值的设想，进行概括性指导，肯定这些设想的积极意义，以提高学生创造性思维的主动性与自信心。

④发射法比较适宜于初中以上学生，对于小学生，运用时必须加强教师的具体指导。

**激疑法**

激疑法是一种刺激学生自动生疑、析疑的教学方法。

（1）激疑法的功能

创造教学的激疑法，是一种促进认识活动的积极方法。激疑法一般具有如下基本功能。

①激发兴趣。兴趣是学习的积极心理状态，没有兴趣，或兴趣索然，学生的思维则处于消极的，或半休眠状态，结果自然是虽学无成。激疑法犹如魔术师蓄意制作的魔棒，集问题奥秘于一发，吸引注意，引起兴趣，激发思维。

②激起问题。"学起于思，思源于疑，"思维发于问题，没有思维不是因问题而发的。因此，教师能否有效地激起问题，是触发学

生思维的关键。

③激发思考。古人说："学以解蔽。"解蔽就是解疑，解疑是教学活动中的重要过程，它在很大程度上决定质量的优劣。怎样解蔽，由谁解蔽，创造教育与传统教育在这里存在着明显的分歧。韩愈在《师说》中写道："师者，所以传道授业解惑也。"他把解惑释疑视为教师的当然职责。创造教育则把解惑释疑当作培养学生分析能力，解决实际问题能力的关键。因此，创造教师教学的最高艺术就是激发学生自己探索知识的欲望，引导学生自己解蔽、释疑。疑是深入探索知识的起点，有疑才能有"问"，才能有"思"。学生心中有了疑，才意味着有了学习的主动性和自觉性。

（2）运用激疑法的基本要求

①激疑的目的要明确。或为激发学生的探索欲望，或为引导理解教材重点，或为启发突破教学难点等，教师必须心中有数，做到有的放矢，不可随心所欲。

②疑难要力求设得科学、严密，有利于引导学生进行正确的思维活动，注意避免模棱两可、似是而非、易于导致学生发生误解的问题。问题与问题之间，要有严密的逻辑性。

③掌握提问时机。在学生心求通而未得、口欲言而不能之时提问，才能收到最佳效果。

④要研究设疑置难方法，力求把问题提得巧妙、有趣味，有利于调动学生探索的自觉性。要尽量避免枯燥、呆板的，或"审讯式"的提问。

⑤激疑的目的在于激发、培养和提高学生的创造性思维、发展智力，因此教师应尽量把疑难设置在学生知识和智力的"最近发展区"内，深浅适宜，可望可及，既引起学生的追求，且经过他们的努力又可自己获取。

# 5. 结构性教学法应用方法

**纵向层次结构法**

所谓纵向层次结构法，是从某一学科体系的纵向发展的逻辑关系上考察，可以把一个学科的纵向体系分析为若干有机的、有某种从属关系的大小层次。

（1）纵向层次结构法的功能

①纵向层次结构法把某一知识系统分析为若干有机联系的层次，简约地勾勒出了复杂知识体系的整体与局部之间的关系，使整个知识体系脉络清楚，层次分明，既便于学生从整体上把握各有关层次，也便于从各有关层次上认知整体。

②知识的层次结构以其内部的逻辑联系为基础，纵向层次结构法把系统的知识结构表现为一定的逻辑结构形式，既是科学的，符合事物客观发展过程的，同时又与人的认知过程的"完形"相一致。

③纵向层次结构法建立的两条认知途径，即学科知识体系的层次结构和学科知识体系内部的逻辑层次结构，它们相互支持、互为表里，共建于个体对学科知识体系的认知结构之中。这不仅使个体对知识的理解、认知具有严密和科学性，并且还使得这个认知结构本身具有相对的稳定性、灵活性和开放性。事实表明，只有用学科知识体系的层次结构和学科知识内部的逻辑结构为材料构建起来的个体认识结构，才会具有最理想的认知功能。

（2）运用纵向层次结构法的基本要求

①要正确地认识知识的层次结构及结构的科学意义。

②科学地揭示知识层次结构内部的逻辑关系。

③知识的层次结构分析必须适应于学生现有的认知结构。

横向多维结构法

所谓横向多维结构，即因素结构分析法。现代科学研究表明，任何一种事物及其发生、发展的联系和影响都不是单元的，而是多元的。

（1）横向多维结构法的功能

①横向多维结构法，把事物及其发展的各个层次（或阶段）分析为若干平行的因素，引导学生从多元的角度认识事物或过程的复杂关系，有利于全面而深入地理解事物，辨析事物存在和发展的诸种原因。

②横向多维结构法所分析的各种因素及联系，是事物内部逻辑关系的客观反映。因此，横向多维结构法不仅形象地反映了某一知识层次的诸横向序列因素，而且还清楚地揭示了这些横向序列因素之间的固有逻辑联系，有利于学生在逻辑关系理解的基础上全面地把握知识，从而培养学生科学的多维思维能力。

（2）实施横向多维结构法的基本要求

①实施横向多维结构法，必须引导学生对事物或事物发展的某一具体阶段做多角度的观察和多维度的思考，详尽地挖掘影响事物过程的各种内外因素，然后对这些因素的主次关系做全面的考察，并排成有必然联系的因素序列。

②横向分析的因素序列构成一个相对完整的体系，它必须科学地概括和说明某一事物或事物在某阶段的本质原因及特征。

③横向分析的因素序列内部，必须存在一种必然的逻辑联系，这种逻辑联系应该是事物诸因素之间本质联系的反映。

# 6. 情境教学法应用方法

### 问题情境教学法

问题隋境教学法就是利用和创设一个问题情境，使学生面临具体问题，以刺激学生思维的积极性，引导他们独立探索问题的一种教学方法。

（1）问题情境法的功能

①在学生意识中造成的问题情境，是一种积极的有效的刺激，它能够引导学生认识的兴趣，激起探究的愿望，引起与解决任务进程有关的理性情感和体验。

②问题情境教学法可以促进儿童思维由感性向理性、由具体向抽象过渡。

（2）运用问题情境法的基本要求

①形式上的新异性。情境是学生感知事物关系和过程的刺激物，一旦情境在学生眼前呈现，就成为学生的感知对象。但是，如果情境是常见的、多次重复的东西，则往往不能引起学生的兴趣，不能吸引学生的注意力。教师在创设某种问题情境时，必须首先考虑情境的新异性，尽量使学生获得新的感受，借以激发学生观察和研究情境的热情。

②内容上的生动性。情境教学的目的是开拓思路，在教学过程中，为了帮助学生理解和掌握教材，提出一些典型而深刻的问题，并为之创设一个新鲜的情境，造成悬而未决但又必须解决的心理情态，这对于激发学生思维是有积极意义的。要达到这样的效果，不仅有赖于形式上的新异性，更重要的是内容上的生动性。要使学生在对问题情境进行观察和思考时，不仅从中受到教育与启发，而且还得到认识事物

的乐趣。

③方法上的启发性。创设情境的方法很多,如神情动作、语言文字、音乐、图画、电影、直观教具、模拟实验、参观、实习等。情境本身不是教学目的,而只是为教学目的服务的手段。因此,在具体实施情境教学法时,必须从教材特点和教学目的出发,注意方法上的启发性,使学生在感知和理解情境时,从中受到启发、发展智力。

**实验教学法**

实验教学法,是学生在教师指导下,运用一定的仪器、设备进行独立作业,通过观察和分析事物的变化以直接获取知识,培养实验与操作技能的一种教学方法。

（1）实验教学法的功能

①实验教学法对于理解和建立现代科学观念具有重要意义。

②实验活动本身可以激发学生对科学的兴趣,养成学生严谨的科学态度和求实精神,而且对于掌握科学方法,培养科学实验技能,开发智力,提高科研能力也具有重要意义。

（2）实施实验教学法的基本要求

①编制实验计划。教师在实施实验教学法之前,必须根据教学大纲和教材的要求编制出实验计划,其中包括:实验的题目、顺序、所需要的仪器、材料和用具等,说明实验的目的、要求,指明实验所依据的原理,确定实验进行步骤。必要时,教师应先做示范性实验,以求得操作程序和控制条件的准确性,确保实验的科学性。

②做好实验指导工作。实验开始以后,教师应巡回指导,纠正实验活动中的错误,并对实验有困难的学生给予启发和帮助,但切不可代替。教师要指导学生正确观察、测试和记录结果,学会对过程现象与结果的分析,掌握必需的数据处理方法,以便顺利地推导出科学结论。

③搞好实验总结。实验结束后，教师要指定学生报告他们的实验过程和实验结果，指出优缺点，明确改进方向。最后，要求学生写出实验报告，交给教师审查。

# 7．综合教学法应用方法

*发现法*

发现法又称解决问题法。它是以青少年儿童的好奇、好问、好动的心理特征为依据，引导学生围绕一定的问题，根据教师和教材所提供的材料，让他们自己去发现问题、分析问题和解决问题，使他们自己成为知识的积极发现者，而不是知识的消极接受者。

（1）发现法的基本功能

①激发智慧潜能。发现的实质就是把现象"重新组织"或"转换"，使人们得以超越现象，再进行组合，从而获得"新的领悟"。

②培养内在动机。人具有借助发现本身所提供的奖赏，即自我奖赏推动学习活动的倾向。因此，发现学习可使学生摆脱外来的动机作用，如父母、教师或权威人物的期望、赞许等的推动，在自我发现中获得巨大的兴趣、力量和内在动机。

③学会发现的技术。在这方面越是有实践经验的人，越能把学习归纳成一种探究的方式，他们也就越相信自己的发现能力。

④发现法有利于记忆的保持。

（2）运用发现法的基本要求

①在发现法教学中，教师是指导学生自己获取知识的导师，因此必须设法调动学生学习的积极性、主动性和自觉性。为此，教师要努力营造一种有利于学生独立思考的气氛，尽可能安排一些富有发现的场景和机会，揭示一些具有诱发性的问题，指导如何观察、对比事

物和分析问题的方法，促进学生的发现，并帮助学生寻找和审查资料，引导学生做出符合逻辑的结论。

②对于小学生和初中生，要充分发挥直观教具的作用，通过教具或图形的实际观察和分析，促进他们的思考发现，促进感性思维向理性思维的过渡。

③发现法要求教师通晓有关学科的基本结构，理解和掌握科学家进行发明创造的一般过程，以便相机诱导，适时启发，促进发现过程的迁移。

④发现法对于学生来说是发现学习，教师不要把学生当作被动的知识接受者，因而在引导、启发学生自我发现问题、分析问题和解决问题的过程中，要经常鼓励学生的自信心，使他们相信自己不仅可以发现问题，并且依靠自己的知识和智慧也可以解决问题。同时，注意在教学过程中，培养学生研究问题的兴趣，养成动脑筋、讲科学的习惯。

⑤发现法没有固定不变的方案，要求教师根据不同发展阶段的学生特点、学科性质及具体的教学内容、科学设计、严密组织，灵活实施，不要固定于一个程序、一个模式，要因势利导，以善变应万变，以致于成。

### 范例教学法

范例教学法是一种谋求典型教材与学习者独立的、能动的学习活动相结合的教学方法。其目的在于解决百科全书式的教材所带来的教学内容过多，教学质量下降的严重危机。

（1）范例教学的基本功能

①把问题学习与系统学习统一起来。范例教学一方面以典型的范例问题进行教学，另一方面又把问题同有关系统联系起来，即由范例提供的窗口窥测全室，探索全局。

②把掌握知识与培养能力统一起来。

（2）实施范例教学的基本要求

①教学内容必须具有基本性、基础性和范例性。

基本性是就学科内容而言，要求选择一些基本知识，即基本概念、基本原理、基本规律等，便于学生掌握学科的知识结构。

基础性是就学生接受教学内容而言，即教学内容应该是一些基础的东西，这些基础的教学内容要从学生的实际出发，要适合学生的智力水平、知识水平，切合学生的生活经验。

范例性是就教育者传授知识而言，即要求教给学生经过精选的具有基本性和基础性的知识。这些知识的典型性、代表性、开导性，使教学务必起到示范作用，有助于学生学习迁移，使之能举一反三，触类旁通。

②注重基本原理的分析。

基本原理是构建学科知识结构的基础，对学生往后的学习具有重大作用，而且原理的意义易于迁移，有利于发展学生的智力。

范例教学强调选择课本中那些带有普遍意义的内容，通过讨论范例，使学生深刻理解和掌握原理、规律及方法，并形成一定的态度，以便逐级构建学科知识的认知体系。

③重视课题的智力作用及其未来意义的分析。课题内容对学生智力活动有什么作用，以及对学生为什么通过这些分析，不仅可以强化学生的智力活动，而且可以吸引学生的注意力，调动学习的主动性、自觉性。

④重视内容结构的分析。每一课题内容都有一定结构，组成整个内容的有哪些要素，各要素之间关系怎样，有哪几个层次？通过这些分析，不仅有利于学生清晰地理解教材内容，而且有助于学生获得系统知识，把握知识结构。

⑤重视教材特点的分析。教材的每一具体内容都有各自特点，某一特点只有采用某一适当教学方法，才能达到最佳效果。因此，具体内容特点的分析，对于教学方法的选择具有重要意义。

### 学导式教学法

学导式教学法，是学生在教师指导下进行自学的一种教学方法。这种教学法，把学生视为学习的真正主人，把学生在教学过程中的认知活动视为教学活动的主体，让学生及自己的智慧主动地获取知识，从而发展他们的智能。

（1）学导式教学法的功能

①培养自学兴趣，养成自学习惯。

②培养探索兴趣，养成钻研精神。

（2）实施学导式教学法的基本要求

①充分调动学生学习的主动性。学生学习的主动性、自觉性，是实施学导式教学的重要条件。因此，教师在组织实施学导式教学法的时候，必须充分依靠学生，尊重和信任学生，最大限度地调动学生的学习积极性，激发学生的探索热情和创造精神。

②了解和把握学生认知课题的现状。教师应该全面了解和把握学生自学的各种具体情况。教师经过对学生各种学习情况的分析、研究，抓住大多数学生存在的带普遍性的问题，在节骨眼上适时进行启发和指导，使学生困惑、纳闷的思维豁然开朗，另见天地。

③相机诱导，适时点拨。教师应该针对学生提出的关键问题迫切要求解决这些问题的欲望，相机指点，讲清思路，启迪思维，让学生自致其知。

# 8. 启发式教学法应用方法

启发式教学法在现代教学论中已经不再是某一种具体的教学方法，而是运用任何一种教学方法的指导思想、教学原则。

## 启发式教学的途径

### （1）奋其志

志，是智力发展的精神动力。目标远大，才能精力充沛，这是搞好学习的精神支柱。在教学中，教师应向学生介绍该学科当前发展的现状，向学生指明哪个山头是值得攻打的，突破口在哪里，从而诱发学生为美好前途而奋发的雄心壮志——学习动机。

### （2）激其情

教师一踏进课堂就应是情绪饱满的、热情的、镇定的，要满怀激情地去讲课，使学生如身临其境。这就要求教师在跨进课堂之前抛弃一切杂念，切不可把冷漠、厌恶、怒气等消极情感带进课堂。

### （3）发其智

教师应加倍重视培养学生的创造性思维能力。为此，教师要积极采用各种有效措施来发展学生的创造性思维。

### （4）引其疑

教师要善于引导学生于无疑处觅有疑，善于激疑，有意训练学生发现问题的能力。在备课时就要精心设计一组递进型的疑题，使学生沿着教师指引的逻辑思路，步步深入，达到恍然大悟、触类旁通的目的。

### （5）启其思

教师要引导学生独立思考，不断激发直觉思维和灵感，努力做到旧中见新，易中有难，平中出奇，难而可及。

（6）广其知

教师要采取措施扩大学生知识的广度与深度，特别要用现代科学技术的新知识、新成就武装学生。

（7）添其翼

想象是智力的翅膀，教学中要唤起学生的想象、再造想象和创造想象，培养学生的想象力。

（8）炼其毅

学生要取得优异成绩，没有刻苦的精神和顽强的毅力，单有兴趣和热情是不够的。

（9）倡其辩

教师要引导学生横向交流，开展无拘束的自由讨论，活跃思维。

（10）授其法

现代教学论倡导学生由"学会"转变为"会学"，让学生掌握自学的方法，学会"独立走路"，早日进入科研前哨阵地。

（11）增其识

一个有作为的人应具有相当的胆识，因此教师要培养学生豁达大度的气概，使他们具有远见卓识和高尚的品德。

**启发式教学的心理结构**

教师的教学过程中，要使学生主动地把整个心理活动都积极参与到学习中来。学习心理结构 5 个因素与教学环节相融洽，教师要在各个环节抓住核心，以提高教学质量。

（1）动机的激发

明确学习目的，培养学习兴趣，引起求知欲、好奇心。

（2）知识的摄取

最核心的心理因素是感知、观察力。

（3）知识的领会

从感性知识上升到理性知识，即对知识的理解。这要有直觉思维、发散思维，不达目的不罢休的决心和毅力，以及纵横驰骋想象力的参与，其中最核心的是思维力。

（4）知识的巩固

记忆是该环节的核心因素。

（5）知识的运用

最核心的是操作技能、操作能力。

# 9. 自学辅导教学法应用方法

所谓自学辅导教学，就是学生在教师的指导和辅导下进行自学，获得知识、发展能力、形成自学习惯的一种学习方式。

**自学辅导课堂教学的程序**

（1）课堂教学的分类

根据教学内容可分为概念课、例题课和小结课等，按组织形式可分阅读课、练习课、讨论课、复习课、讲评（讲授）课、测验课和综合课等，一般是采用两三种课结合的综合课。

（2）每节课的主要环节

①组织教学：这个环节贯穿始终，以保证自学教学任务的完成。

②布置学习内容：明确本次学习的任务，确定全班步子。

③指导学生阅读练习：学生的阅读、练习是自学辅导教学中的重要环节，教师要认真指导，并给予时间保证，一般应占 $30 \sim 35$ 分钟。

④观察检查学习效果：教师要认真观察，确实了解学生对知识的"反馈"，以便确定下一步的任务，是否讨论、小结或布置新任务。

⑤及时强化认识：教师发现学生的自学、作业正确与否，及时

强化，对多数人的共同错误可在下一节课开始时加以概括小结，予以强化。

⑥布置课后学习任务：可包括预习内容、要求、课外阅读资料等。课内未完成的练习，课后完成，因人而异。

**自学辅导教学实验的具体做法**

自学辅导教学大概分为4个阶段。

（1）主要是传授学生阅读方法，要求学生基本会阅读教材，能正确理解词义，并学习概括段意。这个阶段需1～2周时间。

（2）主要让学生适应自学辅导教学的学习方式，逐渐形成自学习惯。这个阶段大约2个月。

（3）在学生比较适应自学辅导教学形式，初步形成自学习惯的基础上，加强学习过程中的独立性。这一阶段需半年至一年时间。

（4）学生完全适应自学辅导形式，形成良好的自学习惯，在自学过程中，充分发挥独立性。

**自学辅导教学的质量指标**

自学辅导教学的成败，其考核指标为4个方面。

（1）学业成绩

（2）自学能力的成长

培养自学能力是自学辅导教学的核心和目标。关于自学能力涉及的因素，专家做了如下描述："观察力是基础，记忆力是桥梁，思维力是核心，操作能力是检验知识技能掌握的客观标准。"

（3）自学能力的迁移

自学能力的迁移，这是自学辅导教学的又一个核心。

（4）各学科的全面发展

各学科全面发展，是自学辅导教学质量的重要标准，这些指标通过客观测试验证是成功的。

**自学辅导教学的原则**

（1）欲有效学习心理学原则与教材之中的原则。

（2）在教师指导下学生自学为主的原则。

（3）强动机原则。这条原则要求教师利用各种方法，加强思想教育，明确学习目的，激发学习兴趣及求知欲，把学生潜在的求知欲和积极性充分调动起来。

（4）班集体与个别化相结合的原则。

（5）启、读、练、知相结合的原则。启，就是启发引导；读，就是阅读课文；练，就是做练习；知，就是当时知道结果，即及时反馈，及时强化。

（6）自检与他检相结合的原则。

（7）变式复习原则。

# 10. 结构定向教学法应用方法

**结构定向教学思想**

结构定向教学思想，是根据教育、学生学习，以及能力、品德的本性提出的。这一思想的理论基础是教育的系统论观点及经验传递说，学生学习的接受构造说，学生能力、品德的类化经验说。结构一定向教学思想，教学的根本目的在于使学生形成、发展一定的能力与品德的心理结构，要加速能力与品德的心理结构的形成，必须依据学生学习的心理规律，实施定向培养。

**实施结构定向教学的前提**

（1）端正教学的指导思想，明确教改的正确方向。

要坚持以辩证唯物主义的方法为指导，深入分析教学、学生的学习与能力的实质。结构定向教学的根本点在于要求依据教学实质及学生的学习规律，依据"三个面向"的指示，提高教学成效，加速人才培养。

（2）广泛深入开展学生学习规律的研究。

结构定向教学的成效最终是以学生规律掌握的程度为转移的，故必须掌握以下几方面的规律。

①学生是学习的主体，故必须研究掌握学生的学习动机及积极性的形成发展规律。

②知识是能力的组成要素，必须研究掌握各学科中各知识的掌握规律。

③技能是能力结构的组成要素，必须研究掌握各门学科中的各技能及其掌握规律。

④研究掌握各种思想及行为规范的接受规律。

⑤必须研究掌握学习迁移规律，包括知识技能与思想品德的迁移。

（3）依据学习规律合理解决宏观、微观教学方法问题。

结构定向培养最终必须通过一定的教学步骤、一定的教学方法才能实现。

①宏观教学法。指各科教学的总体设计，其核心是教材组成要素及层次、序列的处理。这是关于教学全局性的决策（或称战略决策）。

②微观教学法。指各种教材的具体传递过程的处理，教学过程即教学过程具体安排，其核心是教学程序的设计与执行，是关于教学的局部性决策或叫战术决策。

**关于结构定向教学的方法设计**

（1）宏观方法的设计原则

宏观方法所涉及的学生心理结构形成、发展整体设计，是教学的全程规定，是对教材的整体处理，包括教材的结构及其关系。就其形式，可将教材的结构分为归属联系和平列联系，即教材的纵向联系和横向联系。

教材结构处理的原则

①完备性原则。完备性包括两方面的内容：一是指本学科的知识结构的构成要素及相关的态度与方法；二是必须反映该学科发展的最新水平。

②简化性原则。指教材编写要精当，主次要分明，重点要突出，难点要适度，叙述要简明，要把基础知识、基本技能中应用范围广、使用频率高、派生性强、对以后的学习能产生增值作用的基本要素放在首位。

③具体安排教材的层次与序列。凡概括水平高、应用范围广的教材称上位结论；凡概括水平低、应用范围窄的称下位结论。层次关系所体现的是教材的纵向联系。

教材层次与序列处理原则

①逻辑性原则。要求充分掌握各学科的科学知识结构和教材组成要求的各种逻辑联系。

②省时性原则。对教材的层次与序列处理要考虑能节省学习时间，加速学习进程。为此，要充分考虑学生的实际水平和可接受性。

③巩固性原则。没有巩固，就没有经验的积累，记忆（巩固）以建立的心理结构的反复应用为前提的。

（2）微观方法的设计原则

微观方法指微观教学方法。所谓微观教学方法，是指各种教学内容的具体传递过程。其重要的核心是教学的程序设计，即按时间的先后依次安排的一套教学步骤，或叫作教学的时态系列。

微观方法的设计，除了解教学的一般模式外，主要体现在教学程序原则的设计上。主要原则为以下几个方面。

①统一性原则。教与学、师与生、主导与主体协调统一，配合和

谐，教学过程中良好的人际关系是教学成功的重要心理条件；教与学的辩证统一原则要求都要依据学，又对学起促进、主导作用；教师要应用学习规律来指导学习。

②多样性原则。教学方式、方法灵活多样，合理而有效。

③连贯性原则。要求程序的每一步骤都要列出教学任务，同时要列出各步骤的操作要求，老师怎么做，学生怎么做，这才能落实，不致架空。

# 11．八字教学法应用方法

八字教学法的核心是把教学的重点由教师的"教"，转移到学生的"学"，充分发挥教师的主导作用和学生的主体作用，以开发智力、培养能力，造就德、智、体全面发展的人才为宗旨。

### 八字教学法的程序

八字教学法的程序为"读读—议议—练练—讲讲"。

（1）读读是基础。上课时让学生仔细阅读教材，目的在于培养自学能力。阅读时，教师巡视课堂，掌握学生自学情况。

（2）议议是关键。通过各种形式的议，培养思维能力，激发自学的积极性、主动性。

（3）练练是手段。达到巩固知识和应用知识、培养技能和独立解决问题的能力。

（4）讲讲贯穿始终。读、议、练中都有讲，有的放矢地讲，画龙点睛地讲，精讲。

### 配套改革

（1）为了贯彻教育方针，进行系统的配套改革，从学制、课程设置、教材、教学方法，以及课时安排都迈出了新的步伐。

（2）在课程课时上分大课和小课，时间上也不尽相同。逻辑思维比较强的学科加数、理、化、语等学科称为大课，每节课为55分钟；形象思维比较强的学科，或一般陶冶性情的学科如史、地、音、体等学科称为小课，每节课上如分钟。

# 12. 尝试教学法应用方法

尝试教学法又称五步教学法。所谓尝试教学法，是给学生创造一定条件或情境，让学生积极主动探索、独立思考、发现问题、分析问题和解决问题，以培养学生的探索精神和自学能力为主要目标的教学方法。

**五步**

（1）出示尝试题。

（2）自学课文。

（3）尝试练习。

（4）学习讨论。

（5）教师讲解。

**十个程序**

（1）基础训练。

基础训练是打基础的一环。它以旧引新，为新知识作好铺垫，促进知识迁移，起到承前启后、搭桥引路的作用。这一环节以5分钟左右为宜。

（2）导入新课。

导入新课宜三言两语，从基础训练的小结引入新课，揭示新课题。

（3）出示尝试题。

出示尝试题的关键是精心设计好尝试题，其主要目的在于激发学生求知探索的欲望，为自学形成气氛。

（4）自学教材。

自学教材是关键一环，教师要启发引导，让学生掌握概念，弄清定理、规律，发现疑难。这是培养自学能力的关键环节。

（5）尝试练习。

在不超过教学大纲的前提下，加大数量，增加难度，增多类型，让学生跳起来摘果子。

（6）学生讨论。

在教师领导下，通过讨论活跃思维，培养一题多解、举一反三的能力。

（7）教师讲解。

讲的起点应高些，选择性应大些，针对性要强些，重点、难点要突出些，还应灵活些，即根据不同的水平，因材施教。

（8）巩固练习。

（9）课堂作业。

（10）课堂小结。

# 13．三环教学法应用方法

三环教学法是以培养学生自学能力为基础，把自学引进课堂为特征的三环六步教学方法。三环教学法的程序包括如下几个方面。

*自学发现*

这一节在教师辅导下充分发挥学生的主动精神和潜力，通过独立的智力活动，自学新教材，对力所能及的问题能自行解决，以培养良好的自学习惯与能力。

（1）提供条件。由教师出示自学要点；要有一定难度，重点突出，可设置难点，设置"悬念"，引起学习兴趣和求知欲，形成最佳学习心理状态。

（2）自觉探究。学生自学教材，独立思考、理解，初读、细读、边读边画线，做记号，教师巡回辅导，捕捉信息，重点指导。

**教师选讲**

（1）进行选讲。要起到正误、释疑、排难、补充、深化、扩展的作用。讲授方式要灵活，态度要稳定，语言要精当，要善于造成学生"愤"和"悱"的心理状态。

（2）整理检查。概括、整理学习要点，使知识条理化、系统化。

**练习转化**

在这一环中，通过练习理论化知识转化为技能技巧的能力，在教师指导下充分发挥学生的开拓精神，通过独立思考、练习、操作，培养动脑动手习惯和克服困难的意志品质。

（1）布置习题。类型多样（书面、口头、操作等），习题须精制精选。

（2）练习检查。要求独立完成，提倡创造性思维，一题多解，教师检查或评讲。

三环教学法主要适用于中等学校多种学科的教学，小学高年级和其他类型学校也可参照使用。

# 14. 引导发现法应用方法

引导发现法，简单说就是教师引导，学生发现。即教师根据教材的结构特点，学生的思想、知识、能力水平，将教材划分为一个一个的发现过程，然后遵循学生的认识规律和文化科学知识的固有特点，引导学生通过阅读、观察、实验、思考、讨论、听讲等各种途径主动地研究问题，总结规律，以达到获得知识、发展能力，提高觉悟、促进全面发展的目的。

引导发现法的一般程序

（1）划分发现过程，明确教学要求。

在研究教材、了解学生的基础上，对一学期的教材进行总体规划，把教材划分为一个一个发现过程，并制定知识、能力、思想教育在内的教学目标。

（2）严密组织教学，积极引导学生的发现活动。

一般而言，发现过程大体可分为准备、初探、交流、总结、运用五个步骤。

①准备：在正式投入发现过程前，让学生明确探求的目标、意义、途径、方法，激发强烈的学习动机，并做好物质与精神上的准备。

②初探：就是学生根据教师提出的目标和途径，通过阅读、实验、观察和思考等学习实践活动，主动概括出原理、法则，寻求问题的答案。

③交流：在教师组织领导下，学生进行讨论，或课堂发言，交流初探心得体会。

④总结：把学习中获得的知识进行整理，使之系统化，进一步掌握知识结构的内在逻辑联系，教师对学生的总结进行评价和修正。

⑤运用：通过完成各种形式的练习、作业，完成一定难度的练习任务，验证、巩固知识，以便知识的迁移，并增强解决问题的能力。

（3）创造发现的情境。

发现学习是一种艰苦、紧张的思维活动。教师要从各方面创造一个良好的情境，始终保持学生注意力高度集中，思维极其活跃，探索精神十分旺盛的最佳心理状态。教师要以民主、平等的态度对待学生，互尊互爱，形成好学深思、奋发向上的好学风。

引导发现法的优点

（1）它实现了教师的主导作用与学生主体作用的统一，把两个积极性在高层次上协调、统一起来。

（2）贯彻了理论与实践的统一。

（3）实现了教学与发展的统一，即知识教学与能力培养的统一，智育与德育的统一。

# 15．作业选择与设计工作制度

作业是课程中的一个有机组成部分，是课堂教学的进一步扩展，是巩固和提高学习效果的手段。通过作业，有助于学生深刻地理解教材，巩固知识和培养能力。学生通过自己对作业的练习，独立再现了课堂上所学的材料，因而更加明白哪些已经学懂了，并能讲出自己的看法和体会，哪些还没有理解，需要进一步学习，哪些还不熟练，需要进一步加强练习，并由此养成独立工作的习惯，培养学习的责任感和认真态度，促进学生思维的积极活动，发展智能。

**作业的种类**

作业的种类因教学方法的不同，各有各的分类。

（1）从作业的性质分

有阅读作业；抄写作业；练习作业；制作作业，以手的运用为主，如地图、模型等；设计作业，如图表、图案和问卷等设计；活动作业，指讨论、报告、调查、实验等；研究作业，指实验、计划、比较、专题研究等。

（2）从作业时间标准分

有课前作业、课中作业、课后作业。

**作业的步骤**

（1）作业的拟订

拟订的作业必须符合作业特性，是有价值和符合差异的作业。既能顾及学生的时间、需要和兴趣，又能掌握作业的价值、分量和内容，这些都必须事先及早拟好。

（2）引起对作业的兴趣和动机

布置作业时要积极地唤起学生对作业的兴趣和动机，如说明作业的价值、目的，提出有启发式的或是能激起学生好奇心的疑难问题，就可能激起学生解决问题的愿望。

（3）提示作业和进行示范

在布置作业时必须对学生进行提示，让学生明白作业的性质、范围、要求和完成方法，并提供参考资料。同时，教师要进行示范，给予学生一个正确的榜样，如实物示范、动作示范、实验操作演示、范唱、范读等。

（4）检查和订正作业

要了解学习的进步程度，必须对学生的作业详加订正，促使学生更加用功学习。订正的方法有直接订正、符号订正、巡视订正、相互订正、共同订正等。

**选择与设计作业的要求**

（1）作业分量适当

若作业留得过多，学生负担加重，他们就会产生惧怕、反感、被动应付的心理，甚至抄袭作业。这样，既失去了巩固所学新知识的目的，也不利于学生身心的健康发展；若作业留得太少，学生又会放松对学习的要求，达不到教学大纲所规定的标准，从而影响教学质量。

选择与设计作业时教师首先要了解学生课外负担如何，能否完成你所布置的作业，其次再留下数量适当的作业。

（2）作业难度要适度

若作业太简单、太容易，学生会感到没意思、乏味，不但提不起兴趣，而且会影响知识的掌握和智能的发展；若作业太深、太难，学生又感到无法下手，会丧失信心。

作业的选择与设计要考虑学生的独立思考性及家庭辅导能力的强弱性等，其难易程度应根据大多数中等水平学生的能力而定，选择那些有一定难度，需要努力思考而又是学生能够完成的题目。

（3）作业要求要适宜

若作业要求太严，学生无法实现，势必造成紧张心理，反而影响作业的质量；若要求太松，放任自流，即使作业完成了，也达不到布置作业的预期目的。

作业要求应做到严而有度，逐步提高。

对学生作业的要求第一是认真，即书写认真，不潦草，不涂改，不出格；第二，在认真书写的基础上，提出正确作业的具体要求；第三，还应要求学生按时完成作业，引起学生对完成作业的紧迫感，克服拖延作业的不良习惯；第四也是最高层次的作业要求——巧妙，即要求学生完成作业要简捷、独特，富有超前意识和创造性。

（4）作业范围要适中

设计与选择作业要根据教学目标、教学重点，强调针对性，而不能面面俱到，杂乱无章，使学生抓不到重点，起不到强化新知识的作用。

（5）作业布置要灵活

设计与选择作业应充分发挥课本上习题的作用。课本上的习题对于学生掌握基础知识和基本技能是不可缺少的。

教师要认真钻研课本上的习题，注意探索其潜在的内容和背景，引导学生重视练习本上习题的完成，这对减轻学生负担十分有益。

# 16. 教学备课工作制度

**备课的基本要求**

（1）备课在整个教学工作中是十分重要的一环。在既定的教师水平、学生基础和教材范围的条件下，教师是否备好课，是能否教好课的前提和保证。教师认真备课和善于备课，是迅速提高教学水平的重要条件。

（2）要求教师备好课，必须通过备课实现 3 个方面的转化。

通过熟悉教材，把教材中的知识转化为教师自己的知识。

通过钻研教学大纲和教材，掌握教学目的要求和重点，转化为教师进行教学活动的指导思想。

通过研究教学目的、教学内容和学生情况的内在联系，找到使教学内容适应学生接受能力，促进学生发展的途径，从而转化为教师所掌握的教学方法。

**备课应掌握的基本观点**

（1）教学目的的决定性

教学是有计划、有目的的活动。教学的一切活动都是为了实现确定的教学目的。要根据教学大纲和教材内容所确定的教学目的，决定教什么，不教什么，以及怎样教法。

凡是与教学目的无关的或不利于实现教学目的的讲授内容和教学方法，要敢于舍弃。那种讲课千言，离题万里，看起来很热闹，而目的却达不到的情况，往往和教师备课的指导思想不当有一定的关联。

（2）教材内容的规定性

教学要达到教学目的，完成教学任务，主要是通过使学生掌握教材内容来实现。因此，教师在教学中所教的内容，要以教材的内容为中心，围绕如何使学生理解和掌握教材来准备教学内容。

在实际教学中，是允许对教材所规定的内容做适当的调整和充实。教师在备课中，应参阅一些有关的参考书刊，吸收一些现代科学知识。但一切补充和充实，都要以教材所规定的内容作为教学的基本内容，其他各种材料都应作为辅助材料，不能喧宾夺主，舍本逐末。

（3）教学对象的可接受性

教师备课中明确教学目的，掌握教学内容和教学方法，是为了使学生能够正确地理解和掌握教学内容。

备课必须充分考虑自己的教学对象，考虑学生特点可接受能力，研究如何创造条件，使一些难点、重点的内容变不易接受为容易接受，使学生听瞳、学会。

（4）教学方法的适应性

教学必须通过一定的教学方法使学生掌握教学内容，完成教学任务。备课中采用什么样的教学方法，必须充分考虑能否适应本节课教学内容的需要、能否适于学生的水平、能否有利于完成教学任务，达到教学目的。

一切不适应当前教学条件和教学需要的教学方法，都会是形式主义的，不可能达到预期的教学目的。备课时不能离开教学目的、教学内容和学生的情况，盲目地照搬他人的教学方法。

（5）教学活动的教育性

任何教学活动，都永远只有教育性。教学不是单纯传授知识和训练技能，而是要促进学生全面发展。

备课不仅要考虑如何使学生掌握知识技能，还要考虑如何使学生在掌握教学内容的过程中，形成正确的思想观点，激发学生的学习兴趣、学习热情,发展学生智力,养成学生良好的品德习惯和性格作风。教师在备课中,只有明确树立全面发展的观点,才能在教学中,自觉做到既教书又育人,使学生得到全面发展。

**做好备课工作**

（1）熟悉大纲和教材,掌握教学内容

①教师要把教材中的知识转化为自己头脑中的精神财富就必须在教学大纲精神的指导下,感知教材、理解教材,进而牢固地掌握教材规定的教学内容。

②教学大纲规定了本学科总的目的要求和总的原则,并规定了学生必须掌握的知识内容和范围。因此,教师必须熟知教学大纲,并在教学大纲精神的指导下熟悉教材。

③熟悉意味着对大纲和教材要多次地从具体到抽象、从抽象到具体,多次地通过比较、分析、综合、概括,前后联系起来思考研究。对教材中的一些基本概念,要弄清它的内涵、外延,对一些规律性的基本知识（定理、定律、法则、公式、原理等）,要弄清是如何论证或推导出来的,以及其运用范围等。熟悉教材的过程,是一个反复研究,逐步深入地掌握教材内容的过程。

（2）钻研大纲和教材,掌握教学目的要求和重点

①教师钻研教学大纲和教材,不是为了自己个人增长知识。教师在备课中钻研教学大纲和教材是为了教;掌握知识,是为了向学生传授知识和培育人才,这就需要通过钻研教学大纲和教材,掌握大纲和教材所要求的教学目的和要求。

②明确在教学中使学生学习什么和解决什么。这里包括:弄懂什么——理论、原理、定理、法则、公式、规律等;学会什么——技能、技巧;发展什么——智力、能力;培养什么——道德品质、习惯;

形成什么——思想观和世界观。

③在钻研教学大纲和教材的过程中，掌握各部分知识与完成上述教育目的的内在联系，尤其应注意切实掌握对完成教学任务具有重要意义的教学重点。通过这一系列的备课活动，为驾驭教材而创造条件。

（3）研究和掌握教学方法

①备课时，教师在掌握了教学内容和教学目的要求之后，还必须进而解决如何把教学内容转化为学生的知识技能，转化为学生的智力才能，以及思想观点等问题，即解决教学方法的问题。

②备课时，对教学方法的研究和准备，首先必须在掌握本单元教学目的的基础上，研究教学内容与学生实际情况。找到学生的知与不知的矛盾焦点，知学生之所不知、及向知的方面转化的条件。要着重抓学生认识上的难点、重点和疑点，以及"难"和"疑"之所在——为什么难，为什么会有疑难问题。特别要着重于重点问题上的难点与疑点的研究和解决。

③在抓住矛盾问题之所在后，就要研究如何运用适当的教学方法，给学生创造条件，促使学生的知与不知的矛盾获得转化。

④为使学生接受教学内容，选择教学方法，应从多方面考虑。

⑤备课时，对教学方法的选择，要遵循教学规律，贯彻教学原则，充分考虑此时此刻这一单元的教学目的、教学内容及学生的可接受情况。每次教学，各方面的实际情况是发展变化的，相应的教学方法也应是发展变化的，切勿墨守成规，千篇一律。

（4）编写教案，熟悉教案和教具

①教案又称课时计划，是教师实施教学活动的具体方案。编写教案，可以使教师在备课中所考虑的多种教学活动设想，经过进一步

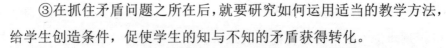

地推敲，使之条理化、科学化，明确地体现于教案文字之中。这是使教师的备课更加系统、准确和深刻的重要一步。写成教案，又为课堂教学实践活动提供了备忘材料。

②教案一般要反映出教学的目的要求、教学的重点及实施的步骤与方法。教师根据自己的实际经验和工作特点，教案应有详有略，不宜过于烦琐，应系统、鲜明、实用。

③写出教案后，还要熟悉教案，使教案中的内容融化在自己的脑子里，做到讲课不离教案，但基本上不看教案。否则课堂教学活动，手不离课本，目不离教案，总是照本宣科，学生听起来一定会枯燥无味。熟悉教案，除要熟悉教案所写的内容以外，还应使教案所反映的内容在自己的脑子里过过"电影"。

④对课内所需要的各种教具，要做好准备。要熟悉教具的性能、特点及演示方法，做好功能检查和试验性演示。遇有故障和难题，要在课前及时解决，保证课堂演示能够顺利进行。教师经过编写教案，熟悉教案和教具，使自己形成现实的教学能力，最后完成本单元的教学准备工作。

# *17.* 听课评课工作制度

课堂教学反映的情况极其复杂，由于教师听课的指导思想不同，其听课的方法着重点就不同，收获也会大不一样。只有树立科学的指导思想，才能在听课过程中获得全面正确的认识。

**目的在于提高质量**

听课的根本目的在于了解教学情况，研究教学规律、改进教学，提高质量。

（1）在听课中无论是发现了优点还是缺点，好的经验还是存在的问题，都必须问个为什么，弄清它和什么事物有内在联系，从而找出规律性的东西来。

（2）要避免听课不少，脑子里积累了一大堆材料，却拿不出任何提高教学质量的办法。

**坚持全面的质量观**

（1）全面发展的观点，即看质量就要看学生德、智、体几方面是否都得到发展，不能只重视智育，忽视学生的品德和健康的发展。

（2）智育也要全面发展的观点，即课堂教学不仅要传授知识，而且还要训练技能技巧、发展智力、培养能力，提高思想认识水平。

（3）面向全体学生观点，即教师在上课时要对全体学生负责，使上、中、下三类学生都能有所提高。

**教学的工程质量观**

（1）教学质量的提高，是通过一定的工作过程来实现的。有什么样的工程质量，就会有什么样的教学质量。

（2）教师的教学工作过程，一般都要经过备课、上课、批改作业、课外辅导、考查成绩等几个环节，每个环节的工程质量，在课堂教学中可以了解到，并通过多方面现象，探讨如何提高教学质量的规律和办法。

**教学的目的和效果相统一的观点**

（1）教师的教是为了学生的学，教师的教学质量要通过学生的学习效果来检验。

（2）衡量教学效果的好坏，必须从学生的学习效果中来检验，看这节课的教学目的是否实现了，教学任务是否完成了。

教与学相统一的观点

教学活动是教师的教与学生的学相统一的过程，既要看教师怎样教，又要看学生怎样学。有些在听课时重教不重学，看到有些教师不按大纲要求，不顾学生的接受能力，不启发学生动脑动手，甚至为了表现自己的"才华"，旁征博引，不但不加以说明，反而认为讲得生动，这就助长了一些人"只教书不教人""只管教不管会"的思想。

# *18.* 教师评课工作制度

在听课以后，应对听课中观察到的课堂教学的目的、内容、方法、组织计划情况、教学效果等，综合起来进行全面分析，并要和教师一起评议，交换意见，共同研究改进教学的措施。

### 评课要实事求是

（1）以商量的态度和教师共同分析和评议，不要以检查者的身份自居，更不能把自己的观点强加于教师。以朋友式的态度关心教师的工作，和教师共同商量和讨论问题。

（2）根据课堂教学的特点，从实际出发，实事求是地评价一节课。

在听课之后，无需对每节课都做一次评定，更不宜轻易地下一个"成功课"或"失败课"的断语。但是，听了一些课之后，总得对某教师的讲课要有一个适当的评价，没有评价就无法确定哪些是成功的经验，哪些是存在的问题。

一般说来，评价一节课主要是从教学目的出发，看学生的学习效果。但是，在评议时应该根据课堂教学的特点和学生的实际情况，实事求是地做出评议。如果脱离实际情况，做出不切实际的评价，教师就会感到不公平，不服气，甚至影响工作情绪。

（3）用典型事例做具体分析，听课后的评议，不能太笼统，要抓住具有代表性的典型事例进行具体分析。说某一堂课重点不突出，就应帮助教师认真了解教材中哪一部分是重点，为什么是重点，讲课时应该如何突出重点，突出重点对整个教学起什么作用。这样对教师才能真正有帮助。

### 着重于教师教学思想的提高

（1）教学工作中的任何成败，在一定程度上都反映了教师的教学思想水平和对教学规律掌握的情况。

（2）通过听课、评课，只有帮助教师提高了教学思想，进一步掌握了规律，才能从根本上改进教学，提高质量。

第四章

教学质量管理

# 1. 学校质量管理的涵义

学校质量管理就是对学校各项工作质量的管理，从而有效地实现学校工作目标。

学校工作质量就是学校工作过程和结果满足使用的要求时所具有的特性。

对学校工作质量的构成可以从内容和过程两个角度区分。

从内容角度看，学校工作质量大致可分为业务工作质量和管理工作质量两部分。业务工作质量包含教学工作质量、德育工作质量、体育卫生工作质量、后勤工作质量。管理工作质量是指对各项工作进行管理的活动的质量。

从过程角度分，可以将学校工作质量分为标准质量、过程质量和结果质量。

# 2. 学校质量管理的意义和特点

**学校质量管理的意义**

（1）质量管理是实现学校基本任务和满足社会需要的保证。

（2）抓好学校质量管理才能保证教育投入的有效性。

（3）质量管理提供了客观评价学校工作的标准与手段。

**学校质量管理的特点**

（1）学校质量管理必须坚持正确价值观的导向。

（2）学校质量管理以人的质量为中心。

（3）学校质量管理目标具有一点多面的特点。

（4）学生素质特性决定学校质量管理具有创造性。

（5）管理活动对角的多样化。

（6）管理方法以定性方法为主，定性与定量相结合。

# 3. 强调"发展性素质"的意义

为什么要把"发展性素质"作为学校教育质量目标坐标系中的一个基础维度呢？

（1）高水平的综合素质是一种稀缺资源，而"发展性素质"是高水平综合素质的内在源泉。

（2）现代的学生必须学会学习，因为即使在学校中教师也不会教给学生所有的知识，何况离开学校以后。

（3）在社会加速发展和变化的时代，各种社会组织中的新陈代谢也将加速，一个不能以积极姿态参与社会生活，不能为自己设定更高目标的人，就会被不断涌来的"后浪"超过，甚至会有被淘汰出局的危险。

总之，以培养学生的"发展性素质"为根本性质量目标，是教育事业对高科技时代社会要求的回应，也体现了对人的未来命运的真正关怀。

# 4. 学校的全面质量管理的含义

学校的全面质量管理是一种全新的质量管理思想和管理技术，是把组织管理、数理统计和现代科学紧密地结合起来，建立了一整套质量保障体系，使质量管理工作进入更高阶段。

学校全面质量管理的指导思想是以下几个方面。

（1）企业或其他任何组织存在与发展的根本目的是为服务对象做贡献，满足其需求。

（2）从整体出发把握局部质量。

（3）好产品是生产出来的而不是检验出来的。

（4）质量管理必须科学化。

（5）通过组织落实实现质量保障。

## 5. 学校全面质量管理的主要特征

（1）全面质量管理是对全部因素的管理。

（2）全面质量管理是对工作全过程的管理。

（3）全面质量管理是全员参与的管理。

（4）尽量做到一切用数据说话，重视资料和数据的搜集与整理，按客观规律办事。

## 6. 学校全面质量管理的基础工作

**学校全面质量管理内容**

学校全面质量管理的基础工作有如下几个方面。

（1）标准化工作。

（2）质量信息提取。

（3）质量信息加工整理。

（4）建立质量责任制。

（5）质量教育工作。

**质量教育工作方法**

质量教育工作应该从三个方面人手。

（1）进行质量意识和质量责任感教育。

（2）进行专业化知识和能力教育。

（3）进行质量管理培训。

# 7. 学校全面质量管理的要求

### 质量指标要求

理想的学校质量指标要符合以下几个方面的要求。

（1）标准要符合国家的教育方针和相关政策，并应随着社会发展而不断改进。

（2）标准应系列化。

（3）标准要明确、具体，不可模棱两可。

（4）要有群众基础，制定标准既要考虑上级要求，又要总结教师和学生的经验，引导被管理者参与到标准制定的过程中来。

### 质量整理要求

质量信息整理要符合以下几方面要求。

（1）按质量要求责成各个部门与人员对质量信息进行数据的审核、汇总、查询和订正，确保信息真实可靠。

（2）严格按照统一的方案，方法和表格进行综合整理，整理时注意标准和标度的一致性，从而使质量资料具有可比较性和可判断性。

（3）资料应配套完整。

（4）在资料整理分类的基础上，建立卡片档案，有条件的学校应输入计算机系统，便利查询。

# 8. 学校全面质量管理应注意的问题

在学校全面质量管理的基础工作的质量提取信息活动中，要注意以下几个问题。

（1）方法科学化。

（2）结果一般应在一定程度上显示出标度。

（3）评定质量的方法和手段各具特色，其适用范围有所长也有所短，尽可能交叉使用。

（4）信息提取的方法和频率要从教育规律出发，考虑它的综合结果。

# 9. 学校全面质量管理的内容

全面质量管理注重顾客需要，强调参与团队工作，并力争形成一种文化，以促进所有的员工设法、持续改进组织所提供产品或服务的质量、工作过程和顾客反应时间等，它由以下要素构成。

全面质量管理由结构、技术、人员和变革推动者四个要素组成，只有这四个方面全部齐备，才会有全面质量管理这场变革。

全员参加的质量管理即要求全部员工，无论高层管理者还是普通办公职员或一线工人，都要参与质量改进活动。参与"改进工作质量管理的核心机制"，是全面质量管理的主要原则之一。

全过程的质量管理必须在市场调研、产品的选型、研究试验、设计、原料采购、制造、检验、储运、销售、安装、使用和维修等各个环节中都把好质量关。其中，产品的设计过程是全面质量管理的起点，原料采购、生产、检验过程实现产品质量的重要过程；而产品的质量最终是在市场销售、售后服务的过程中得到评判与认可。

全面的质量管理是用全面的方法管理全面的质量。全面的方法包括科学的管理方法、数理统计的方法、现代电子技术、通信技术等。全面的质量包括产品质量、工作质量、工程质量和服务质量。

另外，全面质量管理还强调以下观点：用户第一的观点，并将用户的概念扩充到企业内部，即下道工序就是上道工序的用户，不将问题留给用户。预防的观点，即在设计和加工过程中消除质量隐患。定量分析的观点，只有定量化才能获得质量控制的最佳效果。以工作质量为重点的观点，因为产品质量和服务均取决于工作质量。

# 10.学校全面质量管理的四个阶段

全面质量管理一般分为四个阶段。

（1）第一个阶段称为计划阶段，又叫 P 阶段（plan）。

这个阶段的主要内容是通过市场调查、用户访问、国家计划指示等，摸清用户对产品质量的要求，确定质量政策、质量目标和质量计划等。

（2）第二个阶段为执行阶段，又称 D 阶段（do）。

这个阶段是实施 P 阶段所规定的内容，如根据质量标准进行产品设计、试制、试验，其中包括计划执行前的人员培训。

（3）第三个阶段为检查阶段，又称 C 阶段（check）。

这个阶段主要是在计划执行过程中或执行之后，检查执行情况，是否符合计划的预期结果。

（4）最后一个阶段为处理阶段，又称 A 阶段（action）。

主要是根据检查结果，采取相应的措施。

"每一环都要求品质：学习、思考、分析、评估、改进。产品可靠：及时完成、品质优良划一。更顺畅的沟通管道：倾听、询问、勇于发言。"——本田汽车的企业愿景宣言。

# 11.教育评价的原则和特点

教育评价的原则是客观性原则、全面性原则、致性与差别性相结合原则、定理分析和定性分析相结合的原则，他人评价与自我评价相结合的原则。

教育评价的发展呈现了以下五个特点。

（1）教育评价形成多种互补模式。

（2）形成性评价的地位不断上升。

（3）评价方法日益科学化、多样化。

（4）评价主体范围日益拓展。

（5）评价内容向全方位发展。

## 12. 学校管理质量控制的对策

质量控制，就是对影响学校质量的因素施加干预，使质量向理想的方向发展。那么，应从何着手控制学校工作质量呢？

（1）对不同性质的质量原因采取不同对策。

（2）确定与把握质量警戒线。

（3）工作控制。

（4）组织控制。

对不同性质的质量原因采取不同对策。

造成学校质量问题的原因，按其产生的形式和作用时间的长短，可区分为偶然因素（又称急性故障）和系统因素（又称长期性故障）。

对偶发因素的控制方法是密切注意各项工作的反馈信息，及时抓住偏差，并采取措施加以纠正，将原发因素和受动因素都调整到正常状态。

对系统性因素所造成的质量问题，不宜用头痛医头、脚痛医脚的办法，而应采用质量突破的办法来解决。

## 13. 质量管理教育评价的过程

在学校管理的教育评价中，应把握的几点特殊要求。

（1）各项指标要有独立性，其内涵不应与其他指标相互重叠；

各项指标要协调，一方面，应能从各个侧面反映目标要求，在主要规定性上完整地表现评价对象的特征，另一方面，指标问不应相互矛盾和冲突；指标应是可测的；指标应有可行性。

①制定评价指标体系。

②选择恰当手段获得信息。

③质量信息的分析。

④提出质量改进意见和建议。

（2）需要处理好的以下关系。

①常规评价与改革评价的关系。

②内部评价与外部评价的关系。

# 14．新课标下课堂教学的评价

### 课堂教学评价目的

学校工作以教学为中心，课堂教学是关键。课堂是抓教学质量的主阵地。课堂教学中蕴含着众多的教学规律，教与学、讲与练、主导与主体、知识与能力提高等都是在课堂教学中引出来的。课堂教学评价是一种行之有效的研究课堂教学的重要方法和手段。

在新的教育形势下，在新的课程标准要求下，建立以促进教师专业成长为目的的课堂教学评价体系，为教师对自己教学行为的分析和反思提供参考依据；建立以教师自评为主，校长、教师、教研员、家长、学生共同参与的评价制度，帮助教师从多渠道获取信息，对促进教师教学水平的不断提高具有积极的意义。从新课改的理念和语文课程标准的要求来看，纵观小学语文课堂教学教育评价历史和小学课堂教学评价现状，小学语文课堂教学评价方式在诸多方面已经不适应小学语文教学的发展。为此，提出新的小学语文课堂教学评价标准和评价方式势在必行。

**课堂教学评价原则**

（1）主体性原则。课堂评价尊重学生的主体地位和主体人格，课堂要体现学生学习的主动性，学生是学习的主人。教师在课堂教学中的角色是课堂的组织者、引导者、合作者。学生在情感、态度、价值观等方面有所发展。学生参与广泛，师生充分交流。学生自主思考、探究学习。只有以学生的"学"来评价教师的"教"，才能真正体现以学生为主，以学生发展为本的新课程的教学理念。

（2）发展性原则。教师的专业成长在课堂教学实践中得到锻炼，专业的眼光、专业的品质、专业的技能在课堂教学活动中得以形成。新课程课堂教学评价的方向应该沿着促进教师专业成长的方向发展，因此语文课堂教学评价应关注教师的专业发展。

用发展的眼光去评价教师的语文课堂上的教学思想，评价教师对文本价值的认识，对师生关系的处理，对语文课堂特点的把握。发挥课堂教学评价的导向、反馈、激励等有效功能，用客观的、动态发展的眼光去评价教师，把评价的着力点最终放在课堂教学质量上，放在教师的综合素质上，放在教师的专业发展上。

（3）过程性原则。对语文课堂教学评价不能只看学生的最后表现，评价的重点不在于鉴定教师课堂教学的结果，或把课堂教学结果作为奖励、评定教师专业水平的唯一条件，而是诊断教师教学的问题，调整教师发展的目标，满足教师个人专业发展的需要。因此，要把评价的目光放在整个教学的全过程。

关注教师课前对文本价值的钻研是否到位，课堂中对教材的处理是否恰当，最后对自己的教学评估是否适度。关注教师在教学全过程中是否把学生作为主体，是否把基础知识和基本技能的训练落实在教学的每一个环节。

（4）有效性原则。小学语文课堂教学评价，应以新课改教育教学理念、现代课堂教学观为依据，运用可操作的较为科学的手段，评价主体按照一定的价值标准，对小学语文课堂教学的各个要素及其发展变化进行价值判断。

课堂教学评价的实施可以为被评价者进行教学程序的设计、教学方法的改进、教学手段的创新，提供有效的参考和借鉴。要把定量和定性评价、教师自身、学生及他人的多元评价有机地结合起来，使评价更加客观、真实、有效，具有促进意义。

**课堂教学评价内容**

课堂教学评价的内容包括教学目标、教学过程、教学基本功、教学效果等方面的内容。这些内容实际上是对教学全过程的合理分解，其目的在于让评价的主体和客体双方都共同关注课堂教学的全过程，关注这个过程中既要评价"教"，又要评价"学"。

**课堂教学评价要点**

（1）符合课程标准年段教学目标与要求。

（2）切合教材特点、教学重难点和学生实际。

（3）兼顾思想教育、能力培养、创新思维与创新能力培育等。

（4）恰当、具体、明确。

（5）教学环节结构合理严谨、主次得当、联系紧密、过渡自然、个性强、富有新意。

（6）理解、把握教材准确，教学内容处理得当，课文整体感知与重难点理解适当兼顾，思想情感体验和语言文字、语文能力训练有机结合，正确、全面、精当、落实，能体现训练层次，过程清晰、完整。

（7）摒弃烦琐分析，以读写实践为本，注意多种教学方式方法、电教手段、教具等的恰当运用和学法指导，指点有方。

（8）尊重学生学习的主体地位，注意调动全体学生的学习兴趣，自主实践、积极思维；教学民主，师生平等和谐。

（9）实践活动时间充足。

（10）学生能开展有效的合作学习，能提出有价值的问题。

（11）教师文化素养高，钻研驾驭教材、组织调空教学的能力和机智灵活处理突发问题的能力强。

（12）教学语言准确、规范、简洁、流畅、表达力强。

（13）语言形象、生动，富有感染力。

（14）板书设计合理简明，字迹工整。

（15）能熟练使用现代化教学手段。

（16）教态自然、亲切、大方，仪表端庄，精神饱满。

（17）学生主体地位确立，学习兴趣浓厚，所谓活跃，自主学习、实践活动充分。

（18）语言文字与语文能力训练扎实，学习方法掌握、运用好；重点突出、难点突破，教学目标达成、教学效果好。

（19）教学整体效率高，各层次学生均有较大收获。

根据以上各项的等级评判，综合衡量本课教学的整体水平层次，评定等级。

**课堂教学评价实施**

（1）多元互动评价

①自主评价。课堂教学评价的主体是教师，课堂教学完成之后主要由执教者依据课程标准和评价量标对自己的教学状况进行自评，对自己所认为的有效行为进行描述，把自己在课前的教材认识、教学准备、教学设计、教学完成情况及自己对课堂中的得失利弊做一个介绍。评价自己课堂教学之中的成功之处、创新之处、不足之处。

这样的评课方式能打破以往的评课方式，改变上课与评课相脱离的现象，避免评课的片面性和主观性。教师对自己的教学进行反思，能更好地促进教学的主动性，促进教师之间的业务交流，促进学校教研风气的形成。

②主体评价。主体评价通常由校长、教研员、同学科教师及学生家长等方面的人员作为评价的主体，在听课后对执教者所进行的评

价。听课后这些方面的人员根据自己对课堂的认识，对教师的教学行为、对学生的学习状况及对课堂教学效果的满意度而做出的评价意见。执教者作为被评价的客体，应根据自己对《课程标准》和评价量标的理解程度去听取评价意见，筛选有利于提高自己教学水平的信息。

③互动评价。把自评和他评相结合，让执教者和听课者双方针对课堂教学充分发表意见。这种评课形式应建立在上课者和听课者对课堂教学评价标准都有所了解的基础之上。上课者依据评价量标评自己的教学，听课者依据评价量标评价其教学，主客互动，调动双方的主动性、积极性。需要时还可以采用辩论的形式。

由听课者对上课者针对本节课的内容、授课情况、学生学习方面及教师素质方面提出问题，由上课者做出陈述。这样的评课，既可以发挥上课教师的主动性，体现教学评价的个性，又能发挥集体智慧，体现评价的共性。

（2）分层课堂教学评价

①随堂听课评价。从数量上看，听课评课活动大量在随堂教学的环境中发生。这种形式的语文教学，给予老师的教学评价应在实事求是的基础上进行。

与精心准备、反复试讲的课相比，对这些数量众多的课堂教学，重在关注教师的素质提高，关注教师的教学理念的闪光点，关注学生的发展和进步。如果按评课量标的要求面面俱到，这种评价是收效甚微的。

②专题研究课评价。在学校大兴教学研究之风的今天，许多学校经常开展专题研究课的活动。对这样的教学评价要在（评价标准）的指导下，紧紧地围绕研究课的主题来评价，突出一个"研"字。把课堂教学评价的要点与研究课的要点结合起来，使研究课的研究主题深入人心。

③公开示范课评价。为培养骨干教师、辅导年轻教师而举行的

公开课、示范课，往往由有经验的教师或语文学科教学中有影响的教师承担。

对这样的课进行评价，侧重在评价量标的达成度和教学风格方面。突出"示范性"，倡导学习者学其方法、学其风格。评价可以把上课者在教学中体现的独到见解、擅长之处做出比较鲜明、突出的分析和概括，并加以提炼和升华，从而让评价起到示范作用。

④优质竞赛课评价。为发现和培养教学新人，建立骨干教师队伍而举行的教学竞赛、优质课评选等活动，发掘和培养一大批优秀教师。

对这样的课进行评价，应突出甄别和选拔的功能，采用统一标准，从严要求。在分析对比中选优，在选优中总结教学经验，将评优与推广先进的教学经验结合起来。

# 15. 中小学优质课的评价标准

课堂教学是目前我国中小学教育教学的基本组织形式，是教师教育教学活动的基本阵地。课堂教学质量的高低在很大程度上决定了学校教育教学的水平，影响着学生的发展。那么，一堂优质小学语文课的评价标准是什么呢？根据课程改革新理念，笔者认为，应从以下几方面考虑。

### 能够为学生创设宽松的学习环境

好的课堂应当是教师创设的宽松和谐的学习环境，使学生在探索和学习过程中获得丰富的情感体验。宽松和谐的环境并不完全依靠故事、游戏或生动的情境来创设。教师形象生动、富有智慧的语言，一个含蓄的微笑，一句鼓励的话语，一个富有启发性和创造性的问题，一个激起学生强烈学习动机的探索活动，这些都可以创设一个良好的学习环境，使学生不仅学会知识，形成技能，也获得情感上的丰富体验。

### 教学方法的明确与合理

一堂好课在教学目标的设计上应以促进学生的发展为根本宗旨，教学内容应科学合理且具有挑战性，能激发学生的学习兴趣和求知欲望，能引导学生积极思考，能吸引学生主动参与。还应重视教学内容的文化内涵，体现科学性、人文性和社会性的融合。关注教学内容的实践性，密切联系社会实际和学生生活实际，通过多种形式的教学实践活动，理论与实际相结合，培养学生的动手实践能力和分析、解决实际问题的能力。

教师上的每一节课都应当有针对性，没有一个教材和教案能适合任何学生。教师一节课的设计，实际上就是一次创造性劳动。教师应根据教学条件和学生的学习准备度，从学生的实际出发，从教师的实际出发，从教材的实际出发，确定恰当的内容范围和难度要求，设置合理的预期目标，以此为根据确定教学的容量、重点、难点、方法、节奏等，这样学生才能够消化、吸收。

### 注重学生的创新能力培养

关注学生学习过程、促进学生的主体性发展、激发学生的学习情趣，注重培养创新能力。

现代教学论认为："教学过程是学生能动的发展过程，强调在教学中把学生放在主体地位，充分调动学生的主动性和创造性。"一堂好课，教师应十分关注学生的学习过程，倡导合作交流，注重培养创新能力。新课程一个重要的理念是让学生在活动中学习。教师要为学生提供更多"做"的机会，让学生在实际的操作、整理、分析和探究中学习，并倡导学生进行合作交流、讨论、启发，让学生在"做"的过程中学习、体验知识的生成过程，培养学生的合作精神和创新能力。只有学生主动参与到学习活动中，才是有效的学习。

在课堂教学中，教师应努力为学生提供主动参与的时间和空间，为学生提供自我表现的机会，还学生以学习的主动权。好课应是教师努力创设课堂隋境，激发学生的学习情趣（情趣是一种高于兴趣的，内在的学习品质），让学生主动参与，甚至可以议论纷纷（不仅仅是形式上的小组讨论）。课堂教学中学生的发言声不绝于耳，教师方式多样，灵活多变地组织说话训练，使课堂上人人参与，个个活跃。每一个学生都有参与的机会，都有参与的愿望，使每一个学生在参与的过程中体验学习的快乐，获得心智的发展。一节好课应该有思维的碰撞、有争论、有遇到困难的迷茫、有顿悟后的豁然开朗等。我们在平时看课的时候，有些课看似顺顺利利，实际上这样的课没有"起伏"，没有思维的爬坡，不算是好课。

一堂好课的标准,应明确地显现在课堂教学的主体——学生身上，主要考查学生在课堂上的三种学习状态，即学生的参与状态、学生的交流状态、学生的达成状态。这应成为教师教学中的重点。

在体现现代教学思想的课堂教学中，教师鼓励学生质疑问难的行为，努力挖掘学生自身的创造潜能，培养学生的创新意识和创新精神，并创造条件使学生经常体验到创造的乐趣，形成独特的创造力。

### 促进全体学生共同发展

一堂好课，应该真正做到面向全体学生，让每个学生都在原有基础上得到最大限度的发展。课程标准上曾经指出："教师应视差异为正常，不能强求学生取得同样程度的成功，企图让所有的学生取得优异的成绩是不现实的。教师应更多地关注学生对学习的积极态度，特别要注意保护学生尤其是学习有困难的学生积极性，并给予积极而善意的帮助。同时，对于学有潜力的学生，给予针对性的指导。"

好的课堂教学应尊重学生个性差异，尊重不同学生的知识、能力、兴趣等方面的需要，设计不同层次的问题、不同类型和水平的题目，使所有学生都有机会参加活动，并获得成功的体验。培养学生对学习的信心，相信每一个学生的回答都是智力活动的结果，都会给学生带来启示。在教学中，运用灵活的教学方法，满足不同学生的实际和教学内容的要求。"教学有法，教无定法。"教师要能够根据不同的教学内容、不同的学生的发展水平，选择适合他们的教学方法，灵活机智地应变教学中的"意外"，充分发挥学生的主动性和积极性，让不同水平的学生学习同一教学内容时都有不同层次的收获。

只有面向全体，教学中多边互动，尊重学生，为学生自主学习留下充分的时间和空间，学生的参与面广了，学生受益面大，不同程度的学生才能在原有基础上都有进步，知识、能力和情感目标达成。

### 学生积极地参与、投入

学生要积极参与、投入，能获得积极的情感体验，能将所学知识与生活实际联系起来，学以致用。

在课堂上，学生积极主动，乐于动脑、动口、动手；乐于争论、讨论、辩论、思维积极、发言踊跃、学习兴趣浓、信心足，感受到成功的快乐。教师关注学生的课堂感受，关注学生的人格尊严，教师以对学生的良好情感引发学生的情感反应，学生思维活跃，气氛热烈，有效利用 40 分钟，学得轻松愉快，有序、和谐，积极性高。

在课堂上，学生思维要真正地活跃起来，我们教师要站在学生思维的更高一点点处，构成"学生跳一跳、才够得着的"，让学生的思维层层递进，由浅入深、一环扣一环、一环深一环、一环比一环思维活跃。在认知的过程中，学生的情感有没有激发；在教学的过程中，学生的情感有没有变化，有没有与文本所表达的情感产生共鸣，这些也是上一堂好课所必须考虑的。

一堂好课还要看在更好地促进、更好地落实课标的前提下，是否既学会了本课的知识，又开阔了学生的视野，将书本知识与生活实际相联系，学到课外的东西，落实了素质教育的目标。

### 努力做到"五实"

"五实":即扎实、充实、丰实、平实和真实。叶澜在"新基础教育"实验研究中,针对"什么样的课是一堂'好课'",提出"五个实"。

(1)有意义的课,即扎实的课。对学生来说,至少要学到东西,再进一步锻炼了能力,进而发展到有良好的、积极的情感体验,产生进一步学习的强烈需求。有意义的课,也就是一堂扎实的课,不是图热闹的课。

(2)有效率的课,即充实的课。一是对面上来说,对全班多少学生有效率;二是效率的高低,没有效率就不算是好课。有效率的课,也就是充实的课,是有内容的课。

(3)有生成性的课,即丰实的课。即一节课不完全是预设的结果,而是在课堂中有教师和学生的真实情感、智慧的交流,这个过程既有资源的生成,又有过程状态的生成。这样的课可以称为丰实的课,内容丰富,多方活跃,给人以启发。

(4)常态下的课,即平实的课。课堂的价值在于通过师生碰撞,相互讨论,生成许多新的东西。这样的课称为平实的课。要淡化公开课,多上研讨课。不管谁在听课,教师都要做到旁若无人,心中只有学生。

(5)有待完善的课,即真实的课。它不可能十全十美,它应该是真实的、不粉饰的、值得反思的,可以重建的课。只要是真实的,就是有缺憾的。有缺憾恰恰是真实的指标。这种课可以称为真实的课。

在执教的过程中,教师还要加大投入力度,不搞花拳绣腿,实实在在地付出才能获得实实在在的效益。

总之,一堂好课,教师应在新的教育理念的指导下,以一种满意的情绪对待学生每一点进步,以愉悦满意的情绪激发学生学习兴趣,以宽容满意的情绪对待学生的差错,以兴奋满意的情绪激励学生创造性的学习,让学生在自尊、自信、自强中自主学习。

# 16. 学校推行质量管理体系方法

**结合职业教育特点，正确把握教育质量的特征**

ISO9000 质量管理体系标准对"质量"的定义界说较为详尽。2000 版给出的"质量"定义是：产品、体系或过程的一组固有特性满足顾客和其他相关方要求的程度。在有关"质量"的术语中指出，"固有的"就是指在某事或某物中本来就有的，尤其是那种永久的特性；"要求"指明示的、通常隐含的或必须履行的需求或期望，要求可由不同的相关方提出；"顾客满意"指顾客对其要求已被满足的程度的感受。

从上述概念和理念出发，我们应从以下几方面：结合职业教育的固有属性，来理解职业教育质量的本质。

（1）主观性。"顾客满意"是一种感受，应属主观范畴。格朗努斯认为，服务质量管理体系的高低取决于顾客的感知，服务质量最终的评价者是顾客而不是企业。这个观点对于我们分析职业教育质量具有一定参考价值。

教育结果固然重要，但更重要的是教育过程中学生的切身体验、认知体验、道德体验及企业、社会等的评价。教育质量的高低应取决于顾客对质量管理体系的预期（即预期质量）同实际感知的水平（即体验质量）的对比。

预期质量管理体系与学校的营销、形象宣传和顾客个人需求等因素有关，体验质量不仅与学校教学服务水平密切相关，而且还受到顾客的需求、知识、经历、情感等因素的影响。

若体验质量高于预期质量，则可能认为职业教育质量高，反之，则可能认为质量低。总之，质量评价与顾客的主观感受有很大关系。

（2）全过程性。质量不仅仅是指产品和服务，还包括过程、环境、人员等。"规定的需要"主要包括政府的教育法令、法规和条例文件等，也包括学校课程设置的要求和具体的教学大纲的要求；而"潜在的需要"则是那些未明确提出但实际上存在或现实尚未显露而在未来将会显现的需要。

"过程、环境和人员"在职业教育ISO9000质量保证体系中得到了充分体现，即过程控制、环境营造、人力资源、对全员参与的依赖等。按照ISO9000族标准建立的教育质量管理体系是一个衡量学校质量的综合性的体系，旨在通过"过程方法"充分识别影响学校质量的方方面面，并通过"管理的系统方法"来实现学校教育、教学、科研和支持性服务过程的全过程控制。

因此，教育质量管理体系关注的不仅仅是学生的素质教育和学习成绩，还包括学校的总体办学水平，即办学目标、发展规划、系统管理、资源配置等。著名营销学家格朗努斯认为，服务质量不仅与服务结果有关，而且与服务过程有关。

顾客实际经历的服务质量是由技术性质量（服务结果的质量）和功能性质量（服务过程的质量）组成。这一观点已在研究中得到实证支持，应对我们的质量观有所启示。

**对学校产品进行定位，明确服务对象**

学校的产品是什么？这是一个必须界定清楚的问题。产品定位是否准确，关系到学校的顾客观、服务观，质量管理体系各要素、各过程的定位。

在目前经过ISO9000族标准认证的学校中，有些把学生确定为学校的"产品"，把用人单位视为"顾客"，有些把教育服务、科研服务确定为学校的"产品"，把学生视为"顾客"，还有的把学生既视为"产品"，又视为直接"顾客"等。

在计划经济体制下，学校的招生、教学组织和毕业分配均由国家计划决定，学生个人、学校等都成为国家教育计划体系中的一个细小单元。因此，学校的教育过程和企业的生产过程一样，只需考虑人的加工，将学生作为一种产品送入计划体系的另一个单元——用人单位，这是一种没有反馈的系统。而在市场经济体制下，在劳动力市场中，供求双方是人才与用人单位，而非学校与用人单位。

任何作为教育机构的学校所培养出的毕业生都不可能成为学校的产品。学校任何时候都无权将学生作为自己的产品进行变卖、奉送。

同时，在校学生也不是学校财富，不可能作为半成品而抵押贴现。其中"服务"这类产品包括有形的、定制化产品，如产学研活动提供的实验样品、成品等；无形的、定制化服务，如教学环境、学习氛围、毕业设计与论文指导、心理咨询、就业指导、技术服务等；无形的、标准化服务，如专业与课程质量管理体系，教师的备课、上课、作业批改等；有形的、标准化产品，如教材、借书证、学生证、校园一卡通等。

明确质量管理的"过程和要素"，进行教育过程分析

如何建立质量管理体系，需要依据职业学校本身的规模、人员的能力、具体的目标，所提供的教育服务及其实现的具体过程，去设计出符合学校实际情况和特点的文件化的质量管理体系，并加以实施。

（1）"过程和要素"的转化。在学校教育管理中，与质量形成有重大关系的过程主要有教育设计和提供过程、学生服务过程和支持过程等三大类。只有抓住学生培养过程中质量管理的关键环节，才能有效地将质量体系的"过程和要素"转化到教育过程中，由此建立的质量管理体系既符合 ISO9000 质量标准又具有学校管理特色。根据质量标准中的 5 个"过程和要素"，学校质量管理体系应建立下列程序或形成程序文件。

①资源管理。"资源管理"主要应体现在人力资源管理、基础设施保障控制和学习、生活环境的控制。

②管理职责。"管理职责"应包括：制定质量方针和质量目标；

规定质量职责和职权，并明确内部接口处及与外部接触面上的职能；管理评审，由管理者对质量管理体系、质量方针和目标进行正式的、定期的和独立的评审。

③质量管理体系。在学校教育中，"质量管理体系"至少应包括：质量方针、质量目标；文件和资料控制程序；质量记录控制程序；内部审核控制程序；不合格学生控制程序；数据分析控制程序；纠正和预防措施控制程序。

（2）"过程和要素"和文件要求。ISO9000：2000 版质量标准体系共有 5 个"过程和要素"，它们是：质量管理体系、管理职责、资源管理、产品实现、测量、分析和改进。其文件化程序的强制要求弱化，只要求必须具有 6 个程序。职业学校建立 ISO9000 质量管理体系必需的质量管理体系文件应该有：质量方针和质量目标；质量手册；程序文件；工作文件。

（3）教育服务过程分析。2000 版 ISO9000 族标准提出了过程方法模式，要求系统地识别和管理组织所应用的过程，特别是这些过程之间的相互作用，强调以下方面的重要性：理解并满足要求；需要从增值的角度考虑过程；获得过程业绩和有效性的结果；基于客观的测量，持续改进过程。

对职业学校教育过程进行分析，首先要按照 ISO9000 族标准的要求，有效地识别过程及其相互作用，了解每一个过程的输入和输出，并通过对这些过程提供足够的资源，以保障得到满意的过程结果。总的来说，其过程可以分为教育设计和提供过程、学生服务过程和支持过程等。

总之，通用的 ISO9000 族质量管理体系认证为职业学校管理提供了一条规范质量管理、接轨国际标准的途径，但实践效果如何还有待时间检验。每一名职业教育工作者都有责任和义务为深化职业教育评价尺度、促进教育管理的现代化做一些实质性研究。

第五章

教学质量提升

# 1. 质量管理体系的总体要求

按照 ISO9001：2000《质量管理体系一要求》标准的要求建立形成文件化的质量管理体系，并予以实施、保持并持续改进其有效性。

（1）根据学校教育职能，确定质量方针和质量目标。

（2）策划和实施教学管理过程。

（3）调整组织结构和职责，以确保这些过程的有效运作和控制。

（4）提供良好的师资、教学设施、培训设施和校园环境。

（5）通过与主管机关和顾客保持密切的联系、对顾客满意的测量、对质量管理体系内部审核、对教育的检查和评价，确保获得必要的资源和信息，以支持这些过程的运行和监视。

（6）对测量的数据进行分析，以实现对过程有效性和效率的持续改进。

# 2. 质量管理体系的管理职责

**管理承诺**

最高管理者为建立、实施质量管理体系并持续改进其有效性。应做到以下几个方面。

（1）向内部传达满足顾客及法定和法规要求的重要性。

（2）建立质量方针。

（3）确保质量目标的建立。

（4）实施管理评审。

（5）确保获得资源。

**以顾客为中心**

学校最高管理者以增强顾客满意为目标，确保能准确识别顾客要求，并为满足其要求而积极采取措施。在学校不断向全体教职工灌输满足顾客和法律、法规的重要性，确保全校关注顾客和法律、法规的要求，使质量管理体系在充分关注顾客要求的环境中有效运行。

**质量方针**

学校由校长批准并发布质量方针，并通过会议、张贴等形式在校内进行宣传，使之被每一名教职工理解并贯彻实施。同时在管理评审时评价其持续的适宜性，必要时予以修订。

**策划**

（1）质量目标

学校制定质量目标，并由校长批准发布。质量目标是质量方针的具体量化体现，其制定遵循持续改进的原则。并在管理评审会议予以评审，在校行政会议、教师大会等场合予以宣传、检查。制定质量目标均须在全校、部门直至个人各个层次展开。

（2）质量管理体系策划

最高管理者通过管理评审等手段对质量管理体系进行策划，以满足质量目标及 *4.1* 要求，在对质量管理体系的变更进行策划和实施时，保持质量管理体系的完整性。

**职责、权限和沟通**

（1）职责和权限

学校组织机构及管理职责见附录。最高管理者规定各部门、各级人员的职责，见"学校组织机构及管理职责"。

（2）管理者代表

最高管理者以任命书形式任命管理者代表一名，负责以下几个方面。

①按 ISO*9001*：*2000* 标准要求建立、实施并保持学校质量体系所需的过程。

②向最高管理者汇报质量体系的业绩和任何改进的需要。

159

③确保提高全体教职员工满足顾客要求的意识。

④就质量体系有关事宜与外部的信息交流。

（3）内部沟通

最高管理者在学校内部建立各种沟通途径，包括但不局限于以下几个方面。

①各级会议（见《学校会议制度》）。

②按各程序文件规定的信息传递。

③信访与咨询，主动搜集的各类信息（见《学校外部沟通管理程序》）包括学校办公室、教科室编辑的《教育信息》《职教研究》等）。

④各级管理者主动与下属沟通、交谈。

⑤家访或直接向学生调查满意程度，并对有关信息予以传递。

⑥教研活动。

⑦管理评审。

⑧其他。

**管理评审**

（1）总则

每年召开一次管理评审会议，以确保质量管理体系持续的适宜性、充分性和有效性。评审包括评价质量管理体系改进的机会和变更的需要，包括质量方针和质量目标。具体要求参见《管理评审程序》。

（2）管理评审的输入

管理评审的输入包括以下几个方面。

①内部审核结果。

②顾客的反馈（包括意见、建议和投诉）。

③对顾客满意度的测量结果。

④对教育或培训过程进行常规的检查和评估的结果。

⑤对学生或学员进行常规的考核和考试的结果。

⑥对以往管理评审的决议和落实措施的验证。

⑦对质量管理体系的改进建议。

（3）管理评审的输出

管理评审的输出包括以下方面有关的决定和措施。

①对质量管理体系及其过程有效性的改进的决议。

②对顾客要求有关的学生或学员质量的改进的决议。

③对人员、设施、环境等资源的新的需求措施和组织结构的调整。

④对质量手册修改的决议。

# 3．质量管理体系的资源管理

**资源提供**

学校确保满足实施和保持质量管理体系及持续改进所需的资源要求，包括合格的师资及管理人员、符合要求的教学或培训设施、设备，科学的教学手段和优良的校园环境。

**人力资源**

（1）总则

学校制定并实施《教职工管理程序》，基于其教育、培训、技能和经历，选择聘用教师及管理人员，并通过培训、提供进修机会、开展专项活动等确保从事教学或培训，管理的人员是能够胜任的。

（2）能力、意识和培训

①师资力量满足上级有关行政主管部门和顾客的要求。

②学校确定各岗位任职条件，并按相应的条件实行全员聘任。

③新教师实行一年见习期制度，并实行新老教师结对指导。

④教职工充分意识到本职工作的重要性、协作性，明确认识到应该如何为实现质量目标而努力。

⑤对全体教职工进行质量培训（包括质量意识、质量体系等）和专业知识培训（包括学历进修、知识更新、业务进修等）。

⑥对用人单位提出的特殊要求，学校根据需要和可能安排有关人员进行特殊培训。

⑦学校对教职工培训进行统一管理，建立培训档案，包括教职工的教育、技能和经历的记录。

与此相关的程序文件：《教职工管理程序》

### 基础设施

学校确定、提供并维护教学或培训所需设施。包括以下几个方面。

（1）办公楼、教室、实验室、活动场馆、学生宿舍等建筑物。

（2）满足教学或培训要求的教材、设备，包括硬件和软件。

（3）必要的运输和通信等支持。

具体要求参见《教学物品管理程序》和《图书管理程序》。

### 工作环境

学校积极创造条件，确保教职工、学生拥有合格的工作和学习环境。

（1）确保校园各场所卫生整洁、采光良好、无污染、无噪声。

（2）实行卫生值周包干制度，保持整洁的办公环境。

（3）提供适当的体育锻炼和活动场所，确保教职工、学生劳逸结合，保护他们的健康和安全。

# 4. 质量管理体系的产品实现

### 产品实现的策划

学校对于正常的教学活动形成规范化的策划流程。包括以下几个方面。

（1）专业和培训项目的设置与调整。

（2）教学计划的编制。

（3）教材选编。

（4）组织与展开科研课题等。

无论对于正常的教学活动或者特定的教研、培训服务，其策划过程均应结合学校实际情况，并注意遵循以下原则。

①明确其质量目标和要求。

②按质量目标和要求，对师资、教材、仪器设备、信息等资源进行规划。

③确定大纲和计划，明确过程。

④根据规模要求，确定相应的资源配置。

⑤事先准备所需的记录。

学校制定并实施《教学准备管理程序》《教育科学研究管理程序》《教学实施管理程序》《实践性教学管理程序》《培训工作管理程序》，对影响教学质量的各环节进行策划和控制。

**与顾客有关的过程**

（1）与产品有关的要求的确定

①相关人员在与顾客的洽谈过程中，应确定顾客的要求。

②如果顾客没有明确，应根据培养目标予以确定要求。

③根据法定和法规确定要求。

④学校为增强竞争力所确定的要求。

（2）与产品有关要求的评审

为充分理解学生的质量需求，保证学校具有满足这些要求的能力，学校应对质量要求进行评审，并在培养目标和计划制订前进行。要确保以下几个方面。

①有明确的培养目标和任务。

②专业的设置和调整能满足顾客的要求。

③师资、设施、时间能满足培养目标的实现。

具体参见《招生与入学管理程序》《教学准备管理程序》有关要求。

（3）与顾客的沟通

学校在以下方面确保与顾客的有效沟通。

①招生专业、毕业生信息等的定期发布。

②定期召开咨询会、座谈会、家长会等征求专业设置，毕业生和教学质量的意见。

③保持对外联络的畅通，及时接收顾客的反馈信息和投诉，记录并按《学校外部沟通管理程序》办理。

### 设计和开发

学校教学和培训的设计和开发工作主要由《教学准备管理程序》《培训工作管理程序》等规定。

（1）设计和开发策划

学校按市场、顾客和上级机关的要求，组织相关科室策划专业设置和培训项目，通过必要的评审、验证和确认活动，编制教学计划和教学大纲。

专业教学计划和教学大纲由教务处组织相关教研组制定和组织评审。

培训教学计划和教学大纲由培训处组织相关教研组制定和组织评审。

（2）设计和开发输入

专业设置、培训项目设计和开发，要根据市场、顾客和上级机关的有关要求，参照国家教育部《中等职业学校专业设置目录》的标准，结合学校师资、设备条件等确定专业教学计划和教学大纲的基本原则和具体要求。参见《教学准备管理程序》。

（3）设计和开发输出

根据设计和开发的输入要求，制订教学计划和教学大纲。

教学计划包括：开发依据、培养对象和目标、学制、课程设置等。

教学大纲包括：课时安排、教材选用、课程要求等。

（4）设计和开发评审

教务处（培训处）组织相关教研组代表、教研人员、教师等参与教学计划和教学大纲的评审。评价其达成要求的能力和提出必要的措施。

（5）设计和开发验证

学校按市场、顾客和上级机关的要求，对教学计划和教学大纲的实施进行验证，并保持验证结果的记录。

（6）设计和开发确认

学校为确保教学计划和教学大纲满足培养目标和质量的要求，实施前经校行政会议审批确认后发放。

（7）设计和开发更改的控制

学校允许教学计划和教学大纲随市场、顾客和上级机关的要求的变化及时按原程序进行修改更新。

**采购**

（1）采购过程

学校确保采购的各类教学物资符合教育教学管理的需要。应根据适合学校要求提供产品的能力评价和选择供方。采购的范围包括：教学、科研活动所需的设施、设备、材料（包括硬件和软件，如教材、教具办公用品等）和必要的服务（通信、运输等）。

（2）采购信息

学校所需采购的内容均需与供方明确达成一致，必要时形成书面要求。适宜时包括以下几个方面。

①物品或服务的批准要求。

②人员资格要求。

③售后服务要求。

（3）采购产品的验证

为确保采购的物品或服务满足规定的采购要求，学校安排专人实施检验活动。

生产和服务提供

（1）生产和服务提供的控制

学校确保在受控的条件下进行教学活动和服务提供，根据培养目标进行管理。

①学生日常管理采用准军事化管理办法，包括一日常规、内务卫生等制度（见《在校生管理程序》）。

②教学管理按《教学实施控制程序》《实践性教学管理程序》《教学准备管理程序》实施控制。

③质量考核按《教学质量检查程序》《质量记录管理程序》实施控制。

④毕业检验、发证按《学生毕业就业管理程序》实施控制。

⑤教学设备使用按《教学物品管理程序》实施控制。

⑥培训学员的管理按《培训工作管理程序》实施控制。

（2）生产和服务提供过程的确认

由于教学服务产品的特殊性，学校实施一系列管理控制程序确保培养目标的实现。学校通过以下方法控制教学过程。

①事先策划教学过程并经过评审。

②对教学过程进行检查，并多方面搜集信息予以分析，及时采取改进措施。

（3）对从事教学的教师资格进行确认

### 标识和可追溯性

（1）学生的标识，通过其学号实现，经学校录取的学生均取得唯一学号。

（2）学校建立学籍管理制度，对学生的学习成绩、操行考核、健康状况及奖惩予以记录，并实行统一管理。

（3）学期使用的工作计划、教学计划、教学大纲、试卷、课表、活动表等教学活动文件统一归档编号予以标识。

（4）统计教师工作量，归集教师年度总结，以实现对教师授课资历效果的标识和可追溯性。

与此有关的程序文件有：《在校生管理程序》《学生德育管理程序》《培训工作管理程序》《学生毕业与就业管理程序》《教职工管理程序》等。

### 顾客赋产

学校对于顾客财产进行妥善管理与使用，当发现其丢失、损坏或不适用时，应及时报告顾客并保存记录。顾客财产通常包括以下几个方面。

（1）学生缴纳的学杂费是用于购买教材等的杂费。

（2）学生的身心健康和安全。

### 产品防护

学校对教育、培训服务及服务对象提供必要的防护，包括在校内教学、培训，校内外实践性教学等各环节。

### 监控和测量装置的控制

（1）试卷按教学大纲的要求组织命题，试卷的打印、封卷、领用、拆卷、批阅、存档按程序办理，并严格遵守保密制度。

（2）校逐步完善各学科的试题库，对主要学科实施教考分离。

（3）各种检测设备（包括软件）有专人负责维护，保证处于适用状态。

与此有关的程序有《教学实施管理程序》。

# 5．质量管理体系的测量、分析和改进

**总则**

学校对教学培训质量分平时、期中、期末的进行测量和分析，通过测量以获得与质量管理体系有关的数据和信息，判断教学培训质量的符合性，并作为持续改进质量管理体系有效性的基础。

**监控和测量**

（1）顾客满意

学校对于顾客（学生、家长、用人单位等）的满意程度进行不断的调查，包括走访、问卷调查等。学校获得顾客满意度的测量方法有以下几个方面。

①长期接收和统计顾客的投诉。

②每年召开学生家长会议。

③利用学生实习做好问卷调查。

④适宜时发放各类调查表等。

具体要求见《学校外部沟通管理程序》《教学质量检查管理程序》等。

（2）内部审核

学校按《内部审核程序》由具内审员资格的人员每年至少一次进行客观公正的内部质量体系审核。通过内审确定质量体系是否符合策划的安排、国际标准的要求及质量体系文件规定的要求，是否得到有效实施和保持，及时消除发现的不符合项及其原因，对所采取的措施进行跟踪验证并保存记录。审核报告提交管理评审会议讨论。

内审员回避审核他们自己的工作。

（3）过程的监控和测量

学校制定并实施《教学质量检查管理程序》《教职工管理程序》《教学实施控制程序》等对质量体系的过程进行监视与测量，切实掌握各管理环节的质量状况，以确认教学活动实现预先策划结果的能力。在未能实现预期的效果时，及时采取措施。

（4）产品的监控和测量

对于教学和培训工作各阶段效果的检查与考核，视同产品的监视与测量。学校制定并实施《教学质量检查管理程序》《在校生管理程序》《学生毕业与就业管理程序》《学籍管理规定》和《培训工作管理程序》等，对学生（学员）是否达到毕业、升学、就业推荐要求及培训合格结业等做出考核和评价。

**不合格品的控制**

（1）学校根据学生的学习成绩、操行评定和健康状态按《学籍管理规定》鉴定不合格学生。

（2）对于未能达到教学合格要求的学生、课程等采取补课、补训等措施。

（3）对补救无效的不合格学生采取留级、退学或开除学籍等处理。

**数据分析**

学校确定、搜集和分析适当的数据资料，以验证质量体系的适宜性与有效性，及何处可对质量体系进行持续改进。用于分析的数据来自以下几个方面。

（1）对用人单位使用毕业生情况的调查结果。

（2）质量目标的完成情况，包括教学服务符合学生要求的程度。

（3）各类检查、考核的信息。

（4）各类投诉信息的统计。

以上信息可在管理评审时进行评价，也可在其他场合（如有关会议）进行分析。

改进

（1）持续改进

学校通过日常或定期的对顾客满意程度、体系运行状况、工作过程、质量目标的实现等的测量和分析，不断寻找改进的方向和机会，以持续保持质量管理体系的有效性。

（2）纠正措施

外部质量投诉处理、内外部质量审核中发现的不合格项、各职能部门日常工作中的不合格项及不合格的学生或学员，均应按相关责任处置和相应规章及时进行纠正，以防止其再次发生。学校制定并实施《内部质量审核程序》《纠正和预防措施程序》。

（3）预防措施

通过对内部质量审核报告、学生考核情况、日常教学检查、教师工作评估结果、顾客投诉等进行分析，及时消除潜在的和可预见的不合格项，并采取必要的预防措施以防止其发生。

# 6. 学校质量管理体系的具体实施

构建管理质量体系，学校应以改进和提高教育教学质量为切入点，通过建章立制，开展教学质量评价和诊断活动，分析利用评价结果，奖勤罚懒，逐步将学校教育教学质量保障思想方法和体现教育教学质量保障思想的一系列措施引进学校管理体系，逐步构建高质量的教学管理体制。

加强学校质量文化建设

全面质量管理强调通过培养质量文化来实现质量的稳步提高。在学校培育和发展质量文化，是对质量保障系统的必然要求。为此，学校应针对学校的实际，利用各种机会，强调教学质量对学校生存和发展的重要意义，明确质量是学校生存之本的信念，使全体教职工树立以质量求生存，以质量求发展的意识，大力进行校史教育，充分发挥校友中的佼佼者在祖国现代化建设的各条战线所取得的优异成就对教职工和学生的积极影响，明确学校师生"在教学的各个领域均有优异表现"的教学质量观，以"没有最好，只有更好"为口号，确立不断进步，不断提高的质量管理指导思想，为学校提高教育教学质量的努力奠定坚实的思想基础，形成有利于教学质量进步的组织文化氛围。

### 加强教师队伍建设

在影响教学质量的诸多因素中，人的因素是首要的。提高教育教学质量的根本途径在于提高学校全体教师的素质。因为学校的一切工作都需要全体教师的参与、组织、落实。教师的道德素质、爱岗敬业精神、工作态度、工作能力是学校教育教学质量的决定因素。针对学校教师流动频繁，青年教师居多的实际，首先注重加强师德师风建设，下大气力提高教师特别是青年教师的道德素质和敬业精神，强化对教师质量意识和质量责任感的教育。其次，大力抓好教师的继续教育（包括校本培训），鼓励和支持教师特别是青年教师积极参加自考、电大、函授等形式的学历教育，不断提升自己的知识水平和业务能力，并对学有所成的教师给予奖励，为学校的发展进行智力投资和人才储备。最后，组织教师认真学习新课程标准，研究教法，指导学法，努力提高教学能力。要求青年教师力争用两年到三年时间，实现从"教好一门课，带好一个班"向"学有专攻，教有所长"的目标过渡，尽快成为学科教学的行家里手。

### 优化教学过程管理

教学工作是学校管理工作的重心，是实施素质教育、提高教育教学质量的主渠道。在常规教学中，学校应注重优化教学过程管理，坚持以人为本，面向全体学生，充分发挥教学过程中教师的主导作用和学生的主体作用，结合新课标准的要求和新教材的特点，积极构建新的教学模式。

（1）明确教学目标，突出综合性。

（2）组织教学内容，突出系统性。

（3）改进教学方法，突出多样性。

（4）加强学科联系，突出协作性。要求各年级、各学科教师之间要加强沟通和协作，形成教育合力，力保各年级、各学科全面均衡发展，力戒偏科现象的发生。通过这些措施，促进教师的快速成长和学生素质的全面发展，进而推动了教育教学质量的提高。

### 加强教科研活动，实施科研兴校

要大面积提高教育教学质量，除继续加强常规管理外，根本的出路就是教育科研，尽快在学校营造学教育、学科学、搞研究的良好氛围，通过管理和科研两条渠道，保证学校教育教学工作上档次、上水平。为此，学校多年来重视加强教科研工作，要求每位教师在一学期中上一堂有价值的公开课，并由教研组、教导处组织听课教师认真进行评议，互相学习，共同提高。同时要求每位教师都要定期撰写教学反思报告，自觉分析自己的教学思想、方法和效果，主动探究改进和提高教学质量的有效途径。鼓励教师积极参加镇、县、市、省组织的教研活动，积极撰写教科研论文，支持教师将其研究成果运用于日常教学实践，努力提高自身专业水平和教学能力。

### 实行教学质量目标管理制度

学校根据学生知识实际，在教学中实行教学质量目标管理制度。

（1）实施分层优化教学：即在初一年级重点加强对学生的学习习惯的培养和对学习方法的指导，让学生尽快适应中学的学习生活，实现中、小学教学工作的有效对接。在初二年级，全力夯实基础，蓄势待发。在初三年级，实行因材施教，培养、提高学生的能力，既使学生吃得了，又使学生吃得饱、吃得好，努力做到让学生进得来、留得住、学得好。

（2）实行单元目标教学法：即在各学科教学中，实行防检结合，适时分析影响质量的各种因素并采取措施加以控制，尽可能把质量问题消灭在发生之前或产生影响前。同时在各单元结束时，进行目标检测，了解、分析学生掌握知识的情况，发现问题，及时予以矫正，不留缺口和隐患。

### 强化教学质量责任制

为了确保教学质量的不断提升，学校根据质量目标，可建立纵向衔接、横向协调的质量责任体系。

（1）对学校管理人员进行明确分工，使其各司其职，各负其责，增强教育合力。并要求班子成员一律身先士卒，深入课堂教学第一线，并保证以较高质量完成教学任务，号召教师向我看齐。

（2）对教师实行学科教学循环制，这样既明确了教师的职责，又减少了互相扯皮、推诿现象的发生。

（3）加强学校行政系统的质量管理责任，加大职能部门对教学质量的管理力度。教导主任、教研组长定期听课，采集课程质量信息，了解各学科教学质量状况，帮助教师诊断质量问题，共同探讨改进的方法。

（4）建立学生质量反馈制度：学校高度重视学生对改进教学质量的意见和建议，通过组织学生开展学科教学质量评价和举行学生、学生家长座谈会等方式搜集教师教学质量有关信息，鼓励教师通过学生提供的质量信息改进教学工作。对工作责任心不强，学生、家长满意度不高的教师，责令限期改正，必要时对其所授课程予以调整。

（5）制定质量考核奖惩制度，明确规定质量考核的范围、标准、时间、方式和方法，奖惩细则和方法。

以上措施能极大地调动教师的工作积极性，形成以教学工作为主，以做好本职工作为荣，在教学岗位上出成绩、出成果的良好风气。学校还应以鼓励质量进步、奖励质量成就为导向的新的人事、分配制度的建立，促进学校各项工作的发展和教学质量的提高。

通过上述各项教学管理措施的实施，学校能够逐步建立健全教学质量管理的组织系统，形成以学校管理系统为依托，以科任教师为主体，以质量评价为主要手段的教学质量活动体系。营造出人人关注教学质量的校园环境，以保证教学质量不断稳步提高的体制。

# 7. 质量管理体系的管理制度

质量是企业的生命，教学质量是学校的生命。教学质量的管理，统一由教务处负责。为加强教学质量管理，特拟定如下主要制度。

**教案检查制**

教务处于开学时对每个教师的教案进行检查，盖章后返任课教师执行。一学期中，教务处还要不定期地对教案、教学进行抽检。

**听课制**

校级领导、部门负责人均应制订听课计划。一般要求教务主任、教研组长、教师每期互相听课两节以上，听课前要了解教学进度、大纲要求和教材内容，听课时做好听课记录，听课后查对教案，与任课教师交换意见。

**师生座谈会制**

按照不同要求，由教务处每学期至少分别召开教师、学生（或学生家长）座谈会各一次，听取对教师教学和学校教学管理方面的意见，作为对教师业务考核和改进教学管理的依据之一。

**作业试卷抽查制**

教务处要有计划的抽查教师对作业的布置和批改情况、查阅试卷（考试工作）和考查登记薄、检查试题内容、判分情况及教学效果。使每位教师和作业、试卷批改受抽查一次，并做好记录，必须时举办作业（工件）展评活动。

**学生评教制**

每学期分学科或按班级，由教务处召集课代表及各学生填写"教学情况调查表"，由教务处搜集统计、汇总（注意保密）送校领导掌握。

**毕（结）业统考制**

学生毕业考试，每门学科最后一学期的结业（结束）考试，原则上都参加区、市教委统考或由学校组织统考。以期评成绩作为学生毕（结）业成绩。

**信息反馈制**

考试后教师要进行试卷分析，一单元教学结束后，教师应进行作业分析，及时向学生进行考试总结和单元作业总结，学生获得信息后可产生良好的改进提高效果。学校在有条件时可每隔一年召开一次往届毕业和毕业生使用单位座谈会（书面调查也可），听取对学校教学工作和毕业生质量和意见，从中研究探讨教学改革途径。

**教学工作总结制**

学校对于每年毕业班级和毕业（结束）学科，都应由教务处、班主任、任课教师认真总结、撰写有关资料和教学专题论文。这些工作总结、论文可作为聘任教师的依据之一。

# 8. 质量管理体系的教学工作制度

**基本要求**

要认真贯彻执行德、智、体、美、劳全面发展的方针，面向世界、面向现代化、面向未来，为提高全民族的素质，学校工作必须坚持以教学工作为中心的原则，加强教学理论的研究，深化改革，全面提高教学质量。

**教学原则**

（1）教育与课堂教学相结合的原则。

（2）与发展教学相结合的原则。

（3）教法与研究学法相结合的原则。

（4）全体与因材施教相结合的原则。

（5）守则与灵活多样相结合的原则。

**制订教学计划**

（1）计划前，年级备课组所有教师要做到三个熟悉。

熟悉教学大纲：明确本科教学目的任务，了解教学内容的安排，弄清本科教学应遵循的原则。

熟悉教材：通读教材，理解教材的内在联系，明确各章节在整体中所处的地位，明确本学期的教学要求和教学重点、难点。

熟悉学生：主要熟悉学生"双基""能力""学风""方法"四个方面的情况。

（2）教学计划要具备以下内容。

①对教材内容实验的补充、删减或改进意见。

②提出落实教学任务要求，提高质量的改进措施和意见。

③教学进度，课时安排。

④"尖子学生""学困生"的跟踪培养措施。

**备课**

（1）教师必须认真备课。熟悉大纲、通览教材，写出教材分析、总的目的要求、重点、难点、结构层次、教学指导思想及方法。

（2）一般应包括教学目标、要求、重点、难点、方法、步骤、作业、课后小结等，做到备学生、备教材、备方法；做到个人备课与同科同年组教师集体备课相结合，平时提前备一周的课。

（3）要做好教具、演示、实验等一切准备工作。

**课堂教学**

（1）认真组织教学。坚持由始至终全过程，调动学生的学习积极性，要特别重视非智力因素的作用，做到既教书又育人。

（2）教学原则：科学性和思想性统一、理论联系实际、直观性、启发性、循序渐进、巩固性、因材施教等。

（3）每一节教有目的，练有中心，学有效果，观点正确，精讲多练，避免"满堂灌"。

（4）语言要准确、鲜明、生动，板书有计划，书写工整、规范。

**作业**

（1）练习题目要慎重选择，要符合教学要求和学生实际情况。

（2）要及时批改。教师要及时了解学生的知识、能力上的漏洞和缺陷，及时进行补救。要坚持教师全部批阅，学生自己改正的方法。教师的全部批阅要起到三个作用。

①学生是否按时交了作业，按要求做了作业。

②大多数学生出现的共性问题，要及时在课堂上进行讲评、弥补。

③个别学生的错误应认真分析，全面细致地了解每一个学生的缺陷。

（3）学生在学完一章（一个单元）后，将作业装订成册，前边附上小结，交给教师批阅。

（4）在每次作业中的问题，教师应做记录和分析。如发现关键性或普遍性的问题应及时在班级进行讲评，弥补缺陷。然后再留作业进行巩固。

（5）每科的学生作业练习，要按本学科的规范要求，严格训练，培养出好的学风和习惯。

**成绩的考核**

（1）学习成绩的考核是教师对学生学习状况、自己教学状况的重要反馈渠道，是促进学生学习的一种重要的方法。成绩考核包括平时、阶段、期中、期末考核及学期、学年成绩评定。

（2）成绩考核由教导处统一管理。每学期初上课前教导处发各科成绩册，用以登记学生的平时成绩、作业成绩及各类考核成绩。

（3）成绩包括作业、提问、小测验、作文、实践、制作等项。

（4）测验，期中测验和期末考试纳入学期教学计划。每学期不超过4次，阶段测验随堂进行，试卷分A、B卷，不排监考，也不必调课统一进行。期中、期末考核由教务处统一安排时间、地点和监考。

（5）期末要在教务处统一组织下对所有学科进行考试或考查。

（6）档案的成绩不允许修改。

**辅导**

（1）辅导指在规定的教学课时以外，给个别学生补课、解答问题、指导练习等教学活动是全面提高教学质量的有效辅助手段。

（2）辅导要因材施教，要有目的、有准备、有重点的进行。提倡教师主动对学生进行个别辅导。

（3）统一安排的语文、外语早读、其他学科的辅导，任课教师要按时组织学生进行。

（4）分优秀生辅导可和学科竞赛相结合。

（5）学习成绩差的学生的集体辅导，要由年级组统一安排。

**课外活动**

（1）活动是课堂教学的延伸，是学校教育的一个重要组成部分，是对学生进行思想品德教育，促使学生身心健康发展，培养其个人才能爱好和特长的重要场所。指导好课外活动是学校及教师的职责。

（2）活动包括思想教育活动、选修课、学科课、兴趣小组、体育锻炼、运动队训练、文艺社团活动、运动会、科技节、艺术节活动、社会实践及军训活动，分别由教导处、政教处和艺体处安排及具体实施。

（3）活动列入学校活动总表，不得任意冲突、占用和挪作他用。如发生时间上的冲突由校长办公会加以协调。

（4）各项课外活动的教师，在开学第一周内上交活动计划到主管部门，对参加活动的同学，要有考勤记录和成绩考核。

（5）课表的选修课按课堂教学要求执行。

（6）学生每天有一小时体育活动的时间。

### 教学研究

（1）提高教师的业务文化水平，积极开展教研活动，要根据教学改革的要求从教学实际出发，确定研究专题，注意积累和总结教学经验，每学期召开一次经验交流会。

（2）每一周各教研组有半天时间进行教研活动，每两周每人写千字业务学习笔记。教研主任负责检查，定期总结交流。作业务考核依据之一。

（3）组织公开课教学。课前要有充分的准备，课后要进行详细的座谈或评议，并形成书面材料及时归档。好的公开课要向上一级主管部门推荐。

### 教学领导

教学工作是学校的中心工作，学校领导要经常分析研究教学工作的问题，领导干部要兼课，经常深入教研组和教学班，有计划的听课，参加备课和教研活动，检查指导教学工作及时纠正问题和发现好事例以扶植支持，使教学工作处在不断地改进和提高过程中。

## 9. 质量管理体系的教学目标制度

（1）首要的是体现学校教学的工作目标，并将其细化为具有执行力的制度与标准。

（2）制度一定要平衡灵活性与原则性。无规矩不成方圆，指的就是原则性。

（3）要能激发学生的创造性与积极性，只有这样，才能更好地被执行。再好的制度如果没有很好地执行也是一纸空文。

（4）制度应该是系统的。各制度不重复，同时又不让恶人钻空子。

（5）制度应是易于被学生理解的。制度能体现上层的意图，所以好的制度要使学生理解教师的意图，因而得以更好地被执行。

（6）制度应有奖有惩，有保有压，有褒有贬，激浊扬清。总之，制度是为了提高学校的教学质量，保证学生学到更多的知识。

## 10. 质量管理体系的教学常规管理制度

（1）凡在我校任教的教师都应当热爱党的教育事业，安心本职工作，努力使文化程度达到国家的规定标准，业务上能胜任高中教学的需要，自觉遵守学校各项规章制度，遵守国家法律、法令。

（2）教师必须仪表端装稳重，衣着整洁朴素，说话和气，举止文明，有良好的形象。

（3）严格遵守作息时间，按时上下班，不迟到早退，工作时间不擅离职守。保证严肃的工作态度和严明的工作纪律。

（4）教师管理：行政管理以年级为单位，业务管理以教研组为主，要增强组织观念，自觉接受领导，服从分配。

（5）教师工作安排按照国家教学计划和教师工作量规定，从学校实际出发，制定编制标准。

（6）凡大专院校新毕业拟来我校，试讲及考核合格后才接收，要虚心向老教师学习、钻研业务，加强职业道德修养，做到既教书又育人。必须在教学及班级管理考核合格后方能转正。

（7）教师必须注意不断提高业务能力和工作水平，具备讲、写、视、画、演等方面基本素质，努力提高三笔字（毛笔、钢笔、粉笔）和运用现代教育技术的水平。

（8）教师必须积极参加学校各项活动，积极创造性地完成各项任务，运用正确的方式，通过正确途径向学校提合理化建议，开展批评与自我批评，学校每学期都要征集教师意见，凡被采纳运用产生效益的则给予奖励。

（9）教师调出本单位必须严格履行手续，借用桌椅、录音机、图书、体育器材等物品如数归还，若有损失或遗失，应按价赔偿。

（10）凡上级有关部门需要借用教师需经校长批准，教师个人不得擅自决定。

（11）凡被学校选聘的教职工，均享受国家、石油管理局、和学校规定的工资、各种福利、奖金等待遇，奖金发放按学校规定的奖金发放办法执行。

（12）对教职工每半年搞一次初评，一年搞一次总评。按照上级规定条件标准，评选各级各类先进个人和集体，各种荣誉称号记入教师业务档案。对于违反国家政策法令和违反学校各项规章制度，犯错误的教职工视其错误性质、程度由校务委员会讨论处理决定。

（13）教职工应响应国家和学校各项号召在计划生育、晚婚、增收节支、安全工作等方面应起到表率作用。保证学校各项工作的先进性，保证学校总体目标的实现。

（14）按学校分配在临时性工作岗位上班者和不满规定工作量者，按照工作表现和工作质量给适当奖金或不发奖金，实行多劳多得，所得报酬与贡献大小成正比。

## 11．教学反馈和家长参与教学管理制度

教学信息反馈是学校领导掌握学校教学情况、教师的教学效果及调配任课教师的重要依据。

（1）每年定期在期中、期末考试后，通过学生填写《教师工作情况调查反馈表》，掌握教师的实际教学情况，奖优罚劣，及时发简报并有相应的整改措施。

（2）不定期深入班级，通过与学生交谈的方式，了解教学情况。

（3）充分利用每次家长会，认真听取家长对各班级教师任课情况的反应，对暴露的问题认真整改。

（4）通过校长信箱实行民主管理，多渠道掌握教育教学实际情况。

（5）不定期召开家长会，每学年的学期初、期中、期末或遇重大事务（如高考填报志愿、分班等）召开家长会。

（6）成立家长学校，定期给家长上课、培训，与家长沟通信息，形成学校、家长、社会三位一体的教育机制。

（7）举办家长接待日活动，参与学校的重大决策。比如：班级科任教师的调配等。

（8）家长学校的活动不得占用学校正常的教学活动时间，各班家长会的活动需经家长委员会的批准。

（9）家长委员会由主任、班主任、成员组成。主任由学校的校长、书记担任，副主任由教学副校长、管理副校长及一名家长担任，成员由教务、艺教、政教、教研室主任和四名家长代表担任。

# 1．课题工作管理制度

**目的**

对课题研究进行管理，开展教育科研，不断提高办学水平和教育质量。

**适用范围**

本制度适用于学校各教研组课题小组。

**内容**

（1）规则

一般由学校教导处先做出教育科研规划。

①目标：根据学校办学的总体设计来确定科研目标，使之紧密地与学校教育教学工作结合起来，与培育人才结合起来。

②提出课题：为了更好地体现学校的意图，引导大家的思路，可由学校组织部分骨干，提出一系列课题，以便供教师在选题时参考。

③研究方向或重点：按照不同的学科或学校工作的几个方面，把研究重点表示清楚。

（2）论证

论证是对已形成的课题进行一次可行性"会诊"，以使研究者博采众长，更好地进行研究，主要内容可包括以下几个方面。

①课题的价值：要进一步明确课题的意义，并从科学性、理论性等方面去分析，不断地端正研究者的指导思想。

②课题的实施：这里最主要的是研讨提出什么实验假设，施加哪些实验因子，这是实验的关键性问题，反映了研究的实质。

③课题的评价：能不能从本实验的目标出发建立课题的评价，是很重要的。如果评价不科学，便无法判断实验价值的实现程度，当然也不能说实验的成功。

进行课题论证一般需要有几方面人士来参加。校内的课题由研究者、同学科的教师代表、富有教学经验的行家、学校领导等方面人士参加；校级以上的课题还应邀请上级教育行政部门、教育科研部门、专家学者参加。要通过论证，才能不断地修订和完善实验方案，提高研究的质量。

（3）实施

对课题实施过程管理是整个管理的主要过程，学校领导主要抓两项工作：一抓听课，通过跟踪听课或集中听课，主要看是否落实了实验措施，如何操纵实验变量，控制无关因子。校长要不断地与实验教师商量，更好地调控实验进程。二抓资料，通过对各项资料的检查，可以了解实验工作的整体状态，同时对资料做进一步分析、综合，反过来促进实验的更好开展。

（4）总结

校长应重视总结，与教师一起商量总结的提纲、报告的写法，成文后要认真进行修改。对于确有价值的成果要在不同范围加以推广。

# 2．教学组织管理制度

**目的**

从学期开始到学期结束，有一系列教学组织工作。这些组织工作，也是应该坚持的常规。

**适用范围**

学校教导处。

**内容**

（1）学期初要做好的教学组织工作有以下几个方面。

①组织教师学习有关党和国家的教育方针政策和上级指示。

②讨论学校工作计划并制订好教研组的工作计划。

③钻研教学大纲和教科书。

④安排好教学进度。

（2）学期中要做好的教学组织工作有以下几个方面。

①根据教学大纲、教科书和教学进度对教师的教和学生的学进行检查。

②组织期中考试。

③分析前半学期的教学质量。

④做好期中教学小结，提出后半学期的要求和措施。

（3）学期末要做好的教学组织工作有以下几个方面。

①组织和安排总复习和学期考试。

②进行质量分析。

③做好教学总结，对教学计划执行情况进行评估。

④安排下学期教师的教学任务，以便教师利用假期适当备课。

（4）寒暑假要做好的教学组织工作有以下几个方面。

①制订新学期（学年）的教学工作计划。

②组织教师休息或适当备课。

# 3．教学目标管理制度

**工作目标**

面向全体学生，使其掌握教学大纲、教材所要求的基础知识和基本技能。培养学生自学的能力和良好的学习习惯，使学校教学质量达到普教中上水平。

**实施要点**

（1）认真贯彻教学常规要求，使教师在备课、上课、辅导、测试等方面达到规定的标准。

（2）搞好教学改革，转变教学思想，优化课堂教学结构，提高课堂质量。

（3）进行学习方法指导，使学生基本掌握预习、听课、复习、作业等基本学习方法，养成勤奋好学的自学习惯。

（4）做好教学质量分析工作，加强质量控制，落实改进措施。

（5）各学科教师都要做到因材施教，使每个学生在原有的基础上有所提高。

（6）努力做好教务工作，对教学档案、统计材料、计划总结、报表等，进行整理编目。

# 4．教研组工作目标管理制度

**加强教研组基本建设**

（1）争创优秀教研组。

（2）开展教学基本功达标创优活动。

（3）定期对全组教师教学工作进行评价。

**教学质量管理规范化**

（1）定期对单元知识达标情况进行检查。

（2）定期对期中、期末质量进行分析，提出教学改进措施。

（3）学科统考、评比、竞赛成绩达到普教前三名。

**指导教师提高有效教学能力**

（1）有计划的学习有效教学的先进经验。

（2）开展有效教学的评比活动。

（3）培养有效教学的典型。

**根据学科特点，增强教学德育功能**

（1）掌握学科知识结构体系。

（2）教学中自党进行德育渗透。

**落实学科、学生特长培养工作**

（1）落实活动计划、时间、地点、人员。

（2）第二课堂活动基地管理达到标准。

# 5. 年级组工作目标管理制度

**开展有效教育活动**

（1）制订专题教育计划、认真实施、及时总结。

（2）开展学生行为规范训练。

（3）培养学生良好心理素质。

（4）开展献身事业的理想前途教育。

**建设文明年级组**

（1）人际关系和谐。

（2）做好教师评价工作。

（3）争创文明年级组。

**做好组织协调工作**

（1）组织班主任开展工作。

（2）保证各学科教学有秩序进行。

（3）保证课外活动按计划开展。

**对教育教学质量实行有效控制**

（1）定期进行教育教学质量分析。

（2）学生全面发展，质量达到学校控制目标。

# 6. 学校教学管理制度

为了更好地提高教师的业务素质，实现教师高水平，教学高质量，办学有特色，就必须加大教育科研力度，扎实有效地搞好教研活动，特制定学校教研活动制度。

（1）学期初，教务处须根据学校工作计划制订学校的教研计划，学科教研组要制订组的教研工作计划和活动安排。要求具体详实，切实可行、严禁形式化、任务性、应付检查。

（2）每月召开一次教研组长会议，教研活动以教研组为单位，两周定时活动一次。按照活动计划研究材料，讨论新课程标准，说课、做课、评课，试卷分析，研究科研课题，教学经验交流等。杜绝走过场，熬时间，要落实到实处。有详细活动记录。

（3）建立各学科师徒队伍，组织新老挂钩，以老带新，以新促老。帮助新教师熟悉业务，协助老教师总结教学经验。

（4）"四课活动"经常化。每学期每位教师做一次汇报课，每学科搞一次研究课，学校组织一次优质课评选，组织一次观摩课，力争每学期都能涌现新的教学能手。

（5）同年级同学科要坚持集体备课（详细要求令附），在每位教师认真钻研教材的基础上，共同分析研究教材内容，确定教学目标，分析重点难点，切磋教学方法，探讨双基训练和能力培养。

（6）教研组要详实记载每次教研活动的情况，及时向教务处报告工作，反馈教师的意见和要求，以便于领导改进工作。

（7）学期末，教研组和教导处要写好教研工作总结，教师要完成一篇高质量的教研论文和教研活动的心得体会，存入学校业务档案。教导处要整理编辑论文集交流或推荐到报刊、出版社发表。对教科研有突出成绩的个人或教研组要给予表彰和奖励。

# 7. 教学常规管理制度

教学工作是学校的中心工作，学校必须加强教学常规管理。学校教学常规管理主要指教学秩序、教学环节、教学评价、教学科研与教学改革五个方面的管理，是建立正常教学秩序、开展教学研究、改革、提高教学质量，完成学校教育任务的保证。

**教学常规管理的基本要求**

（1）各教研组、全体教师应认真学习有关各学科的《课程标准》，经常对照，做好自查，根据《课程标准》提出的标准和要求，规范教师的教学工作。

（2）各教研组及全体教师，每学期初都应根据学校对教学工作提出的总体目标和具体要求，认真制订教学工作计划，落实好完成教学任务的各项措施，并在整个教学过程中切实实施计划，期末认真做好总结。

（3）全体教师必须认真地抓好教学过程的六个基本环节。

备课：各教研组要进一步建立健全集体备课制度，每两周由教研组长组织一次活动，每堂课前都要认真写好教案（新教师一定要写详案），充分做好教学的各项准备。不上无准备课，杜绝不备课、无教案进教室上课现象，提倡各学科教师利用网络搜集备课资料，拓展备课内容。教导处每周检查一次，不合要求的每次扣 0.1 分。

上课：教师应严格按课表上课或组织学生开展活动，不得私自调课、停课或擅自改上自习课。带教案上课，无教案上课每次扣 0.1 分。因公外出的教师，原则上应通过临时调课完成自己的上课任务。因请假或其他原因需调课、停课者，须提前一天告知，经教导处批准。确实需临时调课的，必须向教导处补办手续。杜绝上课迟到或提前下课现象，教师要爱护学生，不讥讽、嘲笑和侮辱学生，不体罚或变相体罚学生。

**上课纪律考核**

①上课前第二遍铃响后，教师必须进教室准时上课，不得离岗或提前下课，不得接打手机和收发信息，每发现一次扣减 0.1 分。

②每旷课 1 课时，扣减 0.2 分。

③不经过教导处私自调课，每发现一次扣减 0.1 分。

④学生逃课，每发现一人次任课教师与班主任同时各扣 0.05 分。因教师上课管理不严，造成不良后果，扣减任课教师 0.05 分，该教师将承担一切后果，学校将给予纪律处分，并记入其业务档案。

⑤因主观原因未完成教学任务，扣减 *8* 分，并记入个人档案。

⑥任课教师每学期至少上两节多媒体课，少一节扣 *0.1* 分。

课堂教学目标明确，重点突出，难点讲清，内容正确，板书工整，语言规范，表达清晰，课堂结构安排合理。教学方法、手段择宜而用，提倡启发式、讨论式教学方法，提倡利用现代化教学设备组织教学。树立"以生为本"观念，课堂教学体现学生主体性、自主性、民主性。重视学生学习兴趣、学习方法、学习习惯和创新思维能力的培养。落实"双基"，培养能力，发展智力，切实提高课堂教学效益。

班主任要认真组织学生收听或收看学校集体广播、视频教育，不得随意关闭广播挪作其他教学活动。有实验要求的学科必须按教学计划完成实验项目，每次实验前后须按规定填写实验申请和实验记录。实验所需的材料应提前一周告知实验室管理人员。需进教学专用室上课的教师应安排好学生的固定座位，协助管理员管好专用室的设备和卫生工作，及时做好登记工作。

作业布置与批改：各科教师都应该按照教学需要，精选和设计作业。学生每天课外书面作业量控制在规定时间内，必须培养学生良好的作业习惯，强调格式，强调订正。作业必须由教师自行认真批改，掌握情况，及时反馈，及时调整，改进教学，杜绝只有布置不批改或不及时批改的现象，杜绝布置重复性、机械性作业，提倡各学科教师进行作业面批。

预习和复习：教师应根据学科的特点和教学内容的需要，认真布置好学生每天的预复习工作，要提出具体要求，给予具体指导，并且落实检查，培养学生良好的学习习惯。提倡各学科教师布置学生利用网络搜集学习资料，拓展学习内容作为预习和复习的要求。

辅导：教师应重视课外辅导，根据学校的安排，认真上好早自习和晚自习辅导课，提倡各学科教师对学生进行个别辅导。

考试：全体教师都应按照教导处要求，认真做好复习、命题、打印、监考、阅卷、统分、分析、讲评工作。学校规范期中评估和期末考试，交叉阅卷，统一上分，严格考场纪律，限时做好统计和教学质量分析，各种表格上交等考试的常规工作。杜绝由于监考教师缺乏责任心影响考试秩序的现象，禁止擅离试场，或在试场内做与监考无关的事情。要保证考试期间的正常秩序，有监考安排的教师一般不能请假，没有监考安排的教师须正常到校工作。

（4）全体教师都应积极地投入教学研究和教学改革之中，要求做到以下几个方面。

听课：积极开展互相听课、评课活动、研讨和改进课堂教学方法，可以在教研组内听课，也可以跨年级、跨学科听课。任课教师都应该欢迎和接纳其他教师听课。专任教师每学年听课、评课不少于12节，教研组长不少于14节，不满5年教龄教师不少于15节。

开课：根据教导处、教研组确立的课堂教学改革的专题或重点，主动争取，积极上好交流课、研讨课、示范课及年轻教师的汇报课等，不断探索和总结课堂教学改革的经验和方法，涌现一批积极改进课堂教学方法，在全市有影响的骨干教师。

课题：每位教师都应该加强教学理论学习，都应该结合自己教学工作，有经常性的学习和钻研的专题，大部分教师都应该有自己明确的研究课题。在教学实践中提高教学研究水平，以教学科研来促进教学质量提高。

论文：每位任课教师都要认真总结自己的教学实践和经验。根据自己的钻研专题或研究课题，每学年撰写不少于一篇教学专题总结。有条件的教师要积极撰写教学研究论文，参加校、县级和市级的论文评比交流。

课件：每位任课教师都要积极学习现代教学技术，在课堂教学中积极采用现代教学技术手段，注重通过改进教学手段来改革课堂教学方法。教师必须学习多媒体课件制作，每位教师每学期应该至少完成4节多媒体课。

**教学常规制度的管理细则**

为了进一步加强教学常规管理，学校以教导处为主建立教学常规管理小组。管理小组负责日常的宣传、指导、督促、考核、评价、提出奖惩意见，每学期末负责做好教师的量化考核工作。

（1）对教师执行基本要求情况做常规检查。不能根据学校规定按时完成和上交各种资料，不能根据学校要求完成听课、课件制作等情况的，在期末常规考核时予以扣分。

（2）对教师认真备课情况做常规检查。课前缺乏准备，甚至无教案进教室上课的情况，查实后作为一次扣 *0.1* 分。

（3）对教师作业的布置和批改情况做常规检查。按《教学常规》第 *13*、*14* 条的要求和《瓦房子镇中学教师业务检查条例》要求批改学生作业。教导处每学期检查不少于两次，还将对学生作业进行抽查。

（4）对组织考试情况做常规检查。平时的月考工作不负责任，一学期不进行阶段考查，或者考查全部采用外来试卷，不能够根据教学实际需要出卷。期中评估、期末考试不能认真做好质量分析，不能认真进行试卷讲评，或者考试成绩弄虚作假的，查实后作为一次扣 *0.1* 分。

（5）对尊重爱护学生情况做常规检查。课堂上讥讽、嘲笑和侮辱学生，体罚或变相体罚学生，查实后，扣减任课教师 *0.05* 分，该教师将承担一切后果，学校将给予纪律处分，并记入其业务档案。

（6）对调课情况做常规检查。未经教导处同意，擅自调课或改上自习课的情况，查实后扣 *0.1* 分。

（7）对上课情况做常规检查。没有特殊情况，不准时进教室上课或提早退课（包括辅导课），上课时接听手机等，查实后作为一次工作违纪扣 *0.1* 分。

（8）对忠于职守情况做常规检查。工作时间擅离岗位影响到调课、会议、活动、学生教育等学校正常工作的情况，查实后扣 *0.1* 分。

（9）对认真监考情况做常规检查。学校组织的期中评估、期末考试，发生监考教师没有按规定时间到场，或擅离试场放任学生，或在试场中做与监考无关的事情，以及在试卷的收发、整理、装订中因主观原因造成差错而影响阅卷工作的情况，查实后扣 *0.2* 分。

上述违反学校教学常规要求的各种情况，将作为教师在校工作表现的重要依据，在学期量化考核和年度量化考核中得到反映，并视情况扣减学期末的量化考核分数。

# 8. 教学质量管理制度

（1）教学质量管理的目的是保证完成教学任务，培养全面发展的人才。

（2）教学质量管理的主要任务是根据一定的质量标准组织全部教学活动，全面而有效地控制对教学质量可能产生影响的各种因素和各个环节，使之处于最佳状态，保证教学质量的不断提高。

（3）教学质量管理的主要内容就是有效地控制影响教学质量的这些因素。

指导教师的教学。教师是教学的重要因素，他对学生的学习质量是处于主导的地位。教师应具有较高的文化素养和教学技巧。学校领导及管理人员应指导教师不断地提高政治思想水平和业务能力，充分发挥他们的主观能动性，使之能进行创造性的劳动。

指导学生学习。学生是教学的另一个重要因素。学生的知识基础、身体素质和学习的自觉性、主动性等都是决定教学质量高低的不可忽视的因素。学校领导及管理人员应充分发挥学生学习的积极主动性，做到全面发展。

组织教师钻研教材、教法。教材是教学的主要信息，教材的质量及教学的方法对教学质量影响很大。目前，中小学使用的教材难度较大，学校领导管理人员要善于组织教师深入钻研教材，不断研究和改进教学方法。

保证良好的教学秩序。教学秩序的好坏，是能否顺利进行教学，提高教学质量的重要因素。良好的教学秩序是以学校管理工作的科学化，日常工作安排的合理化，严格的规章制度和严明的组织纪律为基础的。学校领导管理人员必须全面抓好这些工作，并随时注意和制止一切打乱正常教学秩序的思想和行为，保证良好的教学秩序，以利教学工作循着正确轨道有序地运转。

创造良好的教学条件和充实必要的教学设备，如图书、资料、仪器、教具、体卫器材、活动场地等，是提高教学质量必不可少的物质条件。学校领导管理人员应根据本书有关章节对教学设备提出的各种要求，千方百计地创造条件，以求实现。

（4）学校领导及管理人员的水平和修养、指挥能力和领导艺术，教务行政工作人员及教学辅助人员的工作质量，对教学质量均有不同程度的影响。因此，提高学校领导管理人员自身的水平和修养，提高教务行政人员、教学辅导人员为教学服务、为师生服务的自觉性，是教学质量管理的不可缺少的内容。

（5）师生在教学活动中必须讲普通话、写规范字、用文明语。

# 9. 课堂教学管理制度

**备课**

（1）对教师备课的基本要求是以下几个方面。

①熟悉教学大纲，深入钻研教材，明确教学目的要求。明确基本理论、基本知识、基本技能的具体内容，掌握重难点及对实际操作能力的要求。了解教材体系及各章节内在联系，了解与本课程前后衔接的课程教学内容。

②了解学生情况，增强教学的针对性。

③认真选择教学方法，精心设计教学程序。

④准备好补充教材、辅助教材、案例、习题和作业，做出教具、实验器具、电教器材的使用计划。

（2）任课教师应在充分准备的基础上，认真编写课时授课计划（教案）。课时授课计划一般包括：课题，教学目的要求，课的类型，教学方法，新课的重、难点，复习旧课的内容和方法，讲授新课的内容，课堂练习的内容和方法，课外作业安排，时间分配，板书设计等。

（3）教师备课以个人备课为主，在个人备课基础上重视开展集体备课。教研室要组织同一课程的教师定期进行集体备课，集体备课的主要任务是讨论贯彻教学大纲、处理教材重点、难点，研究统一教学进度，安排练习和作业，总结交流教学经验体会等。

（4）教师备课应比上课超前两周以上，保证上课前有充分准备。教师担任重复讲授的课程，也应有新的准备，注意更新教学内容，根据教学对象的变化调整教学方法。

（5）教务科长、教研室主任应经常了解检查教师备课情况，定期对教师备课进行讲评，对集体备课做出安排。

讲课

（1）对教师讲课的基本要求是：目的明确，讲授正确，重点突出，语言清晰，板书工整，组织严密。教师讲课要启发学生的学习自觉性，启发学生智力，培养学生分析问题、解决问题的能力。

（2）教师应在上课铃未响前站在教室门口，做好上课准备，不迟到、不早退、不拖堂。教师缺课、误课，要按教学事故严肃处理。

作业

（1）任课教师应重视作业练习，精心准备，及时布置，认真批改，细致讲评，使作业收到预期的效果。

（2）作业应有明确的目的和要求，深度、广度适当，数量适中。

（3）教师要及时、认真批改作业，批改作业时应做批改记录，认真分析作业中出现的问题，作为改进教学的参考，并据经进行讲评。

（4）教务科、教研室要经常了解学生作业情况，教务科每学期要检查 1～2 次学生作业和批改情况。

（5）重视课堂练习。对于课堂大型综合作业，教师更应充分重视，列入学期授课计划，认真做好准备，深入进行指导。

辅导答疑

（1）任课教师应深入学生，有计划、有针对性的开展多种形式的辅导答疑活动。对学生辅导和答疑应以个别进行为主，除非遇到普遍的问题，一般不要面向全班辅导。

（2）任课教师应在教学单元结束，讲授重点、难点及布置较大量作业时，利用自习时间到班上辅导。

# 10. 实践教学管理制度

为更加深入贯彻以能力为本位的现代职业教育思想，高度重视学生实践技能和综合职业能力的培养，规范实践教学行为，强化实践教学管理，根据我校实际情况，制定本制度。

**实验教学**

实验教学与理论教学密切联系，加强实验教学管理，提高实验教学质量，对学生加深所学理论知识的理解，掌握实验操作技能，开发学生智力，提高学生分析问题、解决问题的能力有重要意义。

（1）凡教学计划规定的、实验占重要地位的课程都要单独进行实验考核。考核时间按当学期教学进程规定，一般为半周。实验指导人员提前一周将考试题交由教务科印制，并认真组织复习和考核。实验考核成绩分为优、良、中、及格、不及格单独记入学生成绩册。实验考核不及格者，作为一门课程按有关规定进行补考。

（2）凡课程教学大纲规定的实验，教务科要组织有关教研组根据课程大纲的要求选用或编写实验讲义或指导书，制定实验考核方案。

（3）实验结束时，任课教师和实验指导人员一起检查各小组实验结果、实验记录及设备完好和清洁卫生情况。

（4）实验指导人员要认真批改实验报告，评定实验成绩。

**教学实习与生产实习**

教学实习（含专业周）是根据教学计划和大纲规定的要求和课题，对学生进行基本技能训练的实践性教学环节，一般在校内实习基地完成。

生产实习是一种综合性实习，要求学生运用所学的专业理论知识、基本技能、分析和解决生产及管理工作的各种实际问题。并通过生产

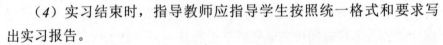

实践获得一定的专业操作技能和管理知识，形成初步的职业综合能力。

根据我校实际情况，对实习的具体要求如下所示。

（1）教务科提前一学期负责组织有关教研组根据教学计划选用或编写实习大纲和指导书。凡编写的实习大纲或指导书需按照有关程序报批，经审批的大纲和指导书才能投入使用。

（2）凡教学计划规定的实习项目、内容及时间，都必须严格按照教学计划和实习大纲的要求进行。

（3）教务科应督促有关教研组在每学期开学前（校内实习）或实习前三周（校外实习）制订实习计划。其内容包括：实习目的、任务、地点、时间安排、主要内容、实习的组织与轮换、指导教师的分工与安排、对学生的具体要求（作息时间、劳动纪律、安全生产、实习笔记、实习报告等）、实习考核办法和评分标准等。

（4）实习结束时，指导教师应指导学生按照统一格式和要求写出实习报告。

（5）实习结束后一周内，实训指导教师应写出实训总结，连同学生实训成绩报告表、成绩分析表交至各教务科备查、存档。

### 课程设计

课程设计（含制图测绘，下同）都是结合课程教学安排的一种实践性教学环节，是培养学生学会运用工具书及有关参考材料，综合本门课程的知识，独立完成的一种实践教学形式，具体要求如下所示。

（1）课程设计必须有与教学计划配套的大纲、指导书和考核目标。大纲和指导书由教务科组织有关教师选用或编写。凡编写的大纲和指导书均须按有关程序报批后方可投入使用。

（2）课程设计指导教师要全课时跟班指导，认真审阅学生拟订出的设计方案和设计步骤，要启发学生独立思考，指导学生使用手册和工具书等技术材料，并随时掌握设计进度。

设计结束时，指导教师要写出课程设计总结，连同学生成绩分析表、报告表及课程设计说明书一并交至教务科备查、存档。